ERFOLGBAR *machen*

5 Schritte zur Erstellung des eigenen Geldflusses

Praxis-Kommentare
von Ralf Schmitz

Vorwort von
Peter Wolff
& Gerd Breil

Florian Schoel

“ Finanzieller Erfolg im Internet hat nichts mit Zufall, Talent oder Glück zu tun. Der eigene Geldfluss im Internet wird gemacht. Schritt für Schritt wird Ihr Vorhaben ‘erfolgbar’. ”

Das Internet als Karriere-Option.
Regelmäßiges Einkommen, neue Kunden und Umsatz über die eigene Webseite.

Bisher unveröffentlichtes Wissen zur Erfolgs- und Einkommensproduktion über das Internet.

„Die 5 Elemente des Geldflusses im Internet. So wie sie noch nie erklärt wurden.
Verständlich und direkt umsetzbar."

„Eine regelrechte Bauanleitung für mehr Besucher und mehr Umsatz auf der eigenen Webseite.
So wird die eigene Webseite zur soliden Karriere-Option im Internet."

Vorwort:
Gerd R. Breil (SEO Experte) und Peter Wolff (Dozent MMA)

Praxis-Kommentare: Ralf Schmitz, der Affiliate König
Layout: Christoph Steinlechner, Erding

Inhalt

Persönliche Einladung in die ERFOLGBAR Facebook-Gruppe:

Vorträge, Diskussionen und Live-Hilfe bei allem, was Ihr Vorankommen im Internet Business betrifft.

Ich freue mich auf Ihre Anfrage in der Facebook Gruppe.
Es kostet nichts und ist sehr hilfreich.

Wir sehen uns dort.
www.magictools.co/facebook (Ja, mit „co" und nicht mit „com" :-)

Über den Autor

Florian Schoel ist Web-Spezialist der ersten Stunde. Er begann mit 18 Jahren eine Ausbildung als Mediengestalter. Danach über mehrere Jahre eine Ausbildung in den USA in Dallas (Texas). Anschließend über 7 Jahre lang in der E-Commerce Abteilung eines globalen Lifestyle- und Modeunternehmens (Fossil).

Gründer und Geschäftsführer der E-Commerce und Analytics-Agentur klickpro.de, sowie den Tools und Kursen zum Geldfluss-Konzept unter www.magictools.co. Er berät, coacht und hilft Unternehmen und Webseitenbetreibern dabei, deren Webseiten „erfolgbar" zu machen, und auf Erfolgskurs zu bringen.

Vorwort von Gerd R. Breil

Hallo lieber Leser,

gleichgültig was Sie im Internet auf Ihrer Webseite anbieten: ob Dienstleistung, ein Produkt, oder Informationen - an Google kommen Sie nicht vorbei. So lautet meistens die Antwort der Agenturen, wenn man über die Optimierung von Webseiten spricht.

Ich bin glücklich, Florian als Freund und Firmenmitbegründer gefunden zu haben. Florian zeigte mir schon sehr rasch, dass gute Webseiten zwar nach dem Prinzip von Google funktionieren müssen, ohne aber zugleich den wichtigsten Faktor einer jeden Webseite aus den Augen zu verlieren: den Besucher.

Jeder Besucher hinterlässt auf Ihrer Webseite Spuren seiner Zufriedenheit. Florian wird Ihnen in seinem Buch genau zeigen, diese Wünsche Ihrer Besucher zu lesen und dann Ihre Webseite exakt nach diesen Wünschen zu optimieren. Der Erfolg Ihrer Internetseite ist somit vorprogrammiert und gesichert.
Bei uns im Führungsteam von Klickpro.de gibt es eine klare Aufteilung: Florian liest die Wünsche der Besucher aus den Zahlen heraus und gibt glasklare Aussage darüber, was sich die Besucher der Webseite wünschen. Danach erst begibt sich das Team an die Umsetzung. Nur so können wir uns sicher sein, dass wir unsere Zeit auch genau dort einsetzen, wo die Besucher noch nicht zufrieden sind oder etwas noch nicht ganz verstanden haben.

Der große Erfolg dieser Methode und die vielen positiven Rückmeldungen unserer Agentur-Kunden hatten dazu geführt, dass wir viel zu viele Absagen erteilen mussten. Wir konnten einfach nicht mehr alle Unternehmen persönlich betreuen. Aus diesem Grund trafen wir vor zwei Jahren die Entscheidung, das Geldfluss-Konzept auch auf anderem Wege zu unterrichten, zu coachen, zu beraten und Firmen damit beim Aufbau der eigenen Webseite zu begleiten.

An dieser Stelle möchte ich mich dafür besonders bei Florian bedanken: „Für die klaren Worte in diesem Buch und die einfache Art und Weise wie du die Idee hinter dem Geldfluss-Konzept weiter an die Öffentlichkeit trägst, gilt Dir mein persönlicher Dank."

Sollten Sie inhaltliche Anregungen haben, scheuen Sie sich nicht, mit Florian Kontakt aufzunehmen. Ihre Fragen und Änderungswünsche sind jederzeit herzlichst willkommen.

Gerd R. Breil

Vorwort von Peter Wolff

Heute gilt wohl mehr denn je: Lassen Sie sich von niemandem etwas sagen, außer von Ihrer Zielgruppe. Denn sie verrät Ihnen alles, was Sie für ein erfolgreiches Online-Business wissen müssen. Man muss nur richtig zuhören. Oder besser gesagt, zusehen: Was wird geklickt und was nicht?

Die perfekte Webseite hat bisher noch niemand erfunden. Es gibt immer eine noch performantere, eine noch schnellere, eine noch umfangreichere. Fakt ist: Webseiten sind so unterschiedlich, wie die Wünsche ihrer Besucher. Die wiederum ändern sich täglich und sorgen dafür, dass gute Websites niemals final sind. Oder wie Florian sagen würde: Online-Business ist wie das Fahren auf einem Fahrrad, das man zur selben Zeit noch zusammenbaut.

Wenn eine Website rund läuft, sollten wir erneut zuhören: nämlich Google. Denn was nützt einem die vermeintlich perfekte Seite, wenn sie später keiner findet. „Tue Gutes und sprich auch darüber" lautet hier die goldene Regel. Das funktioniert wie am Wochenmarkt: Wer am lautesten schreit, wird gehört. Wer das Richtige sagt, verkauft.

Google ist wie ein gigantischer Marktplatz bei Regen. Alle Besucher möchten schnell ans Ziel, um nicht nass zu werden. Deswegen lieben sie die ersten Standpositionen und kämpfen sich nicht bis zum Ende durch – wenn sie vorher fündig werden. Shops die nicht genau das bieten was die Zielgruppe sucht, werden links liegen gelassen. Darum ist es wichtig, unsere „Stände" an die richtigen Positionen zu setzen. Exakt dorthin, wo unsere Kunden herkommen. Und mit dem Wissen, wonach sie suchen. Früher mussten wir das mühsam über Marktforschungen eruieren. Google macht es uns inzwischen deutlich leichter und effizienter

– wenn man klar nach Konzept vorgeht. Florian beschreibt es recht treffend mit „Erfolg im Marketing hat nichts mit Zufall, Glück oder Talent zu tun. Erfolg – vor allem im Internet – wird produziert. Schritt für Schritt."

Haben wir einmal das Interesse unserer Besucher geweckt, müssen wir Sie innerhalb weniger Sekunden überzeugen. Das gelingt uns am besten durch Emotionen, die überproportional oft über den Kauferfolg entscheiden. Langweilige, rationale Produktfakten ohne nennenswerte Kunden-Vorteile führen selten zum Erfolg. Das hat David Ogilvy – Gründer einer der größten Marketingagenturen – schon vor Zeiten des Internets erkannt. Sein Zitat „You cannot bore people into buying your product – you can only interest them in buying" gilt online mehr denn je. Darum freut es mich besonders, dass Florian in seinem Erfolgbar-Konzept mit Argusaugen auf vorteilsbezogene Kommunikation achtet.

Diese USP-getriebene Kommunikation gilt sowohl für Webseiten, wie auch für Newsletter. Letztere betitelt Florian zu Recht als Lead- und Geldmagneten. Dank seinem gezielten Split-Testing und einer kontinuierlichen Optimierung der Inhalte, Layouts, Versandzeitpunkte, Zielgruppen, Buttonfarben und dem Auswerten aller möglichen Daten, verspricht seine Methode nachweislich Erfolg.

So glasklar wie hier wird es selten beschrieben: Jedes Vorhaben lässt sich durch gekonntes Marketing „erfolgbar" machen. Darum bin ich froh, ihn als Speaker-Kollegen in der Münchner Marketing Akademie an meiner Seite zu haben. Teilnehmer seiner Studiengänge und Seminare sind von seinem Konzept begeistert. Sie werden es auch sein...

Peter Wolff
Geschäftsführer markemotion GmbH – Agentur für modernes Marketing
Dozent an der Münchner Marketing Akademie

TEIL 1:
EINLEITUNG UND HINTERGRUND

Erfolgbar *(Adjektiv):*
[1] „Beschreibt ein Vorhaben, dessen Erfolg nicht von Talent, Glück oder Zufall abhängt."
[2] „Ein Vorhaben, dessen Erfolg gemacht werden kann."
(Auch: „Erfolgsproduktion")
(Von: „Erfolge im Internet werden gemacht." (www.erfolgbar.de); z.B „Diese Website ist erfolgbar." (Bedtg: Eine Website oder eine Onlinemarketing Kampagne die auf Erfolgskurs ausgerichtet wurde und deshalb gezielt in Richtung der gewünschten Erfolge gelenkt werden kann.)

Wenn ich in diesem Buch von „Website" spreche, dann meine ich Ihre eigene Webseite genauso wie Facebook, Youtube, Instagram, Snapchat, Twitter, oder eine der vielen anderen Plattformen über die Sie Ihre Zielgruppe – Ihre zukünftigen Kunden – erreichen können.
Die in diesem Buch besprochenen Regeln und Grundlagen helfen Ihnen genauso dabei Ihren eigenen YouTube Kanal aufzubauen, über facebook oder twitter eine riesige Reichweite aufzubauen oder über Ihre eigene Website Produkte zu bewerben oder zu verkaufen.
Um nicht immer jede einzelne mögliche Plattform nennen zu müssen, benutze ich den Sammelbegriff „Webseite".

Berufswunsch „Internet“

Das, was in den USA schon seit einem guten Jahrzehnt als Karriereoption gesellschaftlich anerkannt ist, hat im deutschsprachigen Raum noch etwas um Ansehen zu kämpfen.

In kleinen Schritten beginnt sich das Internet jedoch auch bei uns zur angesehenen und soliden Karriereoption zu entwickeln.

Wir befinden uns hier zwar noch recht weit am Anfang. Doch mehr und mehr Menschen erkennen für sich, dass die Abhängigkeit von einem Angestelltenverhältnis nicht mehr die sicherste Option ist. Der Arbeitsmarkt ist zu unsicher, als dass man davon abhängig sein möchte.
Genauso die Vorsorge für das Rentenalter. Kein Verlass auf Hilfe von Außen. Hier werden wir alle in Zukunft auf uns selbst gestellt sein.

Diese Art der Unabhängigkeit ist erstrebenswerter denn je.

Mehr und mehr wird klar: Wir brauchen alle (mindestens) ein zweites Standbein. Wir alle müssen in der Lage sein uns finanziell zu verteidigen.
Finanzielle Selbstverteidigung muss ein Teil Ihrer Ausbildung werden, wenn Sie in Zukunft noch eine Chance haben wollen, den Kopf finanziell über Wasser zu halten. Finanzielle Selbstverteidigung bedeutet für mich, zu lernen wie man Geld aus dem Nichts erschaffen kann. Wo beginnt der Wunsch danach für etwas Geld auszugeben. Wie bewegt man jemanden dazu Geld für etwas in die Hand zu nehmen. Wie können Sie es schaffen, genug Menschen dazu zu bringen, Geld auszugeben.

Die gute Nachricht ist: Der Geldstrom im Internet existiert bereits. Und er wächst jeden Tag weiter. Und immer dann wenn Geld fließt, lässt sich auch für jeden einzelnen von uns Geld verdienen. Sie müssen nur Ihre Finger in diesen enormen Geldfluss halten und zugreifen. Sie müssen nur noch einen Weg finden, wie Sie ausreichende Mengen dieses Geldstroms in Ihre eigenen Taschen fließen zu lassen.

Dieser erste Band von "ERFOLGBAR" könnte auch den Titel tragen: "Finanzielle Selbstverteidigung" oder "Unternehmerdenken". Denn in diesem ersten Band werden Sie lernen wie man seine Denkweise auf "Geld erschaffen" programmiert. Dieses Wissen ist unbezahlbar für Sie. Die Grundlagen die Sie in diesem Buch erhalten, befreien Sie von der Abhängigkeit darauf einen Jub angeboten zu bekommen. Sie generieren einfach Ihr eigenes Einkommen. Aus eigener Kraft. Dieses Wissen darüber wie und warum Geld entsteht ist seit 10-tausenden von Jahren unverändert geblieben. Wir Menschen reagieren sehr vorhersehbar auf bestimmte Impulse. Egal wie einzigartig wir äußerlich erscheinen - wir alle reagieren auf bestimmte Impulse mit einer einzigen Reaktion: "Geld ausgeben".

Wenn Sie einmal gelernt haben, wie Sie diese Reaktion "Geld ausgeben" gezielt hervorrufen können, dann haben Sie die Grundlage für Unabhängigkeit geschaffen.

Ich wünsche Ihnen, dass das was in den Staaten bereits Realität ist, auch für Sie bald alltäglich sein wird: Das Internet als solide Karriereoption zu nutzen, die Ihnen als zweites Standbein dienen kann das finanzielle Sicherheit mit sich bringt. Egal ob als Ersatz für Ihren Hauptberuf, als Aufbesserung der Altersvorsorge oder für mehr Urlaub und ein teures Gefährt. Egal wie Sie das Geld dann ausgeben werden. Heute starten Sie mit dem Buch auf dem Weg zur "Karriereoption Internet".

Der eigene Geldstrom im Internet entsteht Schritt für Schritt

Im Internet existiert ein riesiger Geldstrom. Tag täglich fließt mehr Geld über das Internet als noch am Tag zuvor. Der Geldstrom im Internet ist so groß, dass jeder Deutsche im Monat 10.000€ davon abhaben könnte und es würde nur die Spitze des Eisbergs bedeuten.

Der Geldfluss im Internet folgt bestimmten Regeln. Sie müssen nur diese Regeln befolgen, dann schaffen Sie die Voraussetzungen für den Geldfluss auf Ihrer Webseite.

Ohne diese Regeln zu verstehen, können Sie auch 100 Webseiten erstellen und werden keinen müden Euro verdienen. Ok. Vielleicht einen. Oder 100. Wenn überhaupt.

Aber das ist nicht Ziel dieses Buches. Ziel dieses Buches ist, Ihnen zu zeigen, dass das Internet eine solide Karriereoption für Sie ist. Erfolg im Internet hat nichts mit Glück oder Zufall zu tun, sondern folgt einem ganz einfach Satz von 5 Regeln.

„Erfolg im Internet hat nichts mit Glück, Zufall oder Talent zu tun. Erfolg im Internet wird gemacht. Erfolg im Internet lässt sich regelrecht produzieren. Schritt für Schritt."

(J. DeCaprio, Vice President E-Commerce, Fossil Inc. - mein früherer Boss in den USA von 2001-2008, ein weiser Mann :)

Lernen Sie diese 5 Regeln oder Schritte kennen und beginnen Sie damit Ihren eigenen Geldstrom im Internet aufzubauen.

Ich sage nicht, dass es „einfach" sein wird und ich verspreche Ihnen auch nicht, dass Sie „über Nacht reich" werden. Mein Anliegen in diesem Buch ist es, Ihnen zu zeigen, dass es eine solide Basis gibt, auf der Sie im Internet ein zweites Standbein aufbauen können.

In meinen Augen hat jeder einzelne von uns die Pflicht, sich nicht von einer einzigen Einkommensquelle abhängig zu machen. Daher gehört das Wissen das ich Ihnen in diesem Buch zu vermittel versuche, zu einer Art „Grundwissen", das Sie selbst dazu in die Lage versetzt, für sich und Ihre Familie zu sorgen. Machen Sie sich unabhängig und lernen Sie, wie Sie Ihren eigenen Geldstrom im Internet aufbauen.

Das Internet als Einkommensquelle ist über die letzten Jahre leider etwas „in Verruf" geraten. „Geld verdienen im Internet" (der meistgesuchte Begriff zu diesem Thema bei Google) wurde von ein paar schwarzen Schafen dazu genutzt, um unseriöse Angebote zu machen die dem Käufer Reichtum ohne Ende - und zwar über Nacht - versprachen. Natürlich hat keiner der Käufer dieser Kurse auch nur 1 Euro verdient.

Es gibt aber auch eine seriöse Seite des Internets. Auf eine dieser seriösen Seiten haben Sie auch dieses Buch gefunden und gekauft. Auf einer dieser seriösen Seiten finden Sie auch einen Kurs von mir, in dem ich mit Ihnen alle hier beschriebenen Konzepte im Detail - und an Ihrer Webseite - durchgehe, um Ihnen auf dem Weg zum eigenen Einkommensstrom behilflich zu sein.

Wenn ich einen Wunsch an Sie habe, dann ist das dieser:
Vergessen Sie bitte - immer dann wenn Sie dieses Buch in die Hand nehmen - alles was Sie bisher über „Internet-Marketing", „Online-Marketing" oder „Geld verdienen im Internet" gehört oder gelesen haben und lernen Sie eine neue, bessere und „erfolgbare" Sichtweise kennen.

Sie werden sehen: Zu wissen wie Sie sich und Ihre Familie finanziell selbst versorgen können - unabhängig von einem Angestelltenverhältnis, unabhängig von der Arbeitsmarktsituation und unabhängig von Ihrer momentanen finanziellen Situation - ist ein Gefühl von Sicherheit und Unabhängigkeit.

Man könnte auch sagen: Dieses Buch ist eigentlich ein Lehrbuch zur finanzielle Selbstverteidigung. Sie lernen Geldfluss zu erschaffen der Sie und Ihre Familie (sehr gut) ernähren kann.

Das Internet und die eigenen Webseite als solide Karriereoption.

*„Online-Marketing ist wie Fahrrad fahren.
Nur dass du das Fahrrad erst noch bauen musst,
während du schon darauf fährst."*

Der Traum vom schnellen Geld im Internet war verflogen

Doch die Erkenntnis war da: Geld verdienen im Internet ist eine echte Karriereoption für Jeden, der es möchte und bereit ist, dafür zu lernen und die notwendige Zeit zu investieren.

Ich war immer schon begeistert vom Internet. Schnell ließ ich mich daher mit knapp 18 Jahren zu mehreren „schnell-reich-werden-Ideen„ von Bekannten überreden. Dass daraus kein sofortiger Reichtum entstanden ist, können Sie sich – vielleicht schon aus eigener Erfahrung – sicherlich denken.

Natürlich habe ich erst einmal noch mehrere Hundert Euro zum Fenster rausgeworfen, bevor mir das klar war. Die Versprechen damals klangen einfach zu gut, um es nicht noch ein weiteres Mal – und ein weiteres Mal zu probieren. Immer mit dem gleichen Ergebnis: Es kamen zwar pro Monat ein paar zweistellige D-Mark-Beträge bei mir an, aber der schnelle Reichtum war nicht in Sicht.

Trotzdem war ich „hooked". Ich war begeistert von der Idee, das Internet dazu zu nutzen, dauerhaft darüber mein Einkommen zu generieren. Oder „generieren zu lassen" – wie das heute möglich ist – dazu aber später noch mehr.

Eine Lehre zum Mediengestalter sollte die Sache besiegeln. Schließlich war ich ja jetzt in der Lage, durch tolles Design und gekonnte Gestaltung die Menschen auf einer Webseite genau das machen zu lassen, was ich wollte. Oder doch nicht?

Auch hier wieder – weit gefehlt. Die Lehre war nach 3 Jahren vorbei und ich hatte trotz all dem Wissen über Design und Layout etc. noch keinen müden Cent mehr im Monat über meine Web-Projekte verdient. Auch die schönste Webseite macht noch lange keinen Umsatz.

Erst auf der nächsten Etappe meiner Reise sollte ich erkennen, dass das Internet tatsächlich eine wahrhaftige Karriere-Option ist. Und zwar nicht als Angestellter. Nicht als „Online-Marketing-Manager“ für ein anderes Unternehmen. Sondern komplett unabhängig mit meiner eigenen Webseite sollte es mir möglich sein, meinen Lebensunterhalt zu verdienen.

Es war der 15. März 2001

Ich spazierte an diesem Tag – einen Tag vor meinem 21. Geburtstag – zum ersten Mal in eine riesige Konzern-Zentrale in Dallas, Texas, in den USA. Das Hauptquartier von Fossil Inc. – dem Uhren-, Mode- und Lifestyle-Konzern.

Eigentlich war nur ein Praktikum von 6 Monaten geplant. Es wurden daraus ganze 7 Jahre, die ich in der Online-Marketing- und E-Commerce-Abteilung arbeiten durfte. Ich arbeitete Tag und Nacht. Ich genoss jede Minute davon. Übrigens, dies ist nicht ganz der typische Weg vom Tellerwäscher zum Millionär, aber vom Praktikanten zum Online Marketing Spezialisten :-)

Das Wissen und die enorme Erfahrung meiner Kollegen – die mir hier zur Verfügung stand, war ein unfassbares Geschenk. Bereits innerhalb der ersten Minuten an meinem allerersten Tag – und zwar in meinem ersten Meeting der gesamten Online-Marketing-Truppe – wurde mir klar, dass gerade mein Traum vom „schnellen Reichtum im Internet“ geplatzt war. (Zu diesem Meeting später noch mehr im Detail.)

Es war aber etwas viel mächtigeres entstanden: Die Erkenntnis, dass „Geld verdienen im Internet“ – ohne Angestelltenverhältnis, ohne Boss und ohne Stress – tatsächlich eine solide Karriereoption ist – wenn man es richtig angeht. Denn jeder einzelne meiner Kollegen im Online-Marketing-Team bei Fossil hatte noch ein eigenes solides „Side-Business“ über eine eigene Webseite nebenher aufgebaut.

Einige davon verließen sogar über die Jahre ihre (wirklich gut bezahlten) Jobs bei Fossil, um sich Vollzeit auf Ihre eigene Webseite als einzige Einkommensquelle zu konzentrieren. Es war also tatsächlich Realität: Die eigene Webseite

als Karriereoption.
Mit den Jahren wurde mir klar: Jedes dieser „Side-Businesses“ meiner Kollegen war nach dem gleichen grundlegenden Schema entstanden. Dieses Schema ist Gold wert und eigentlich keine Hexerei. In keiner meiner Ausbildungen/Fortbildungen/Seminare hatte ich jedoch davon gehört. Deshalb habe ich mich entschlossen, selbst diesen notwendigen Leitfaden zu schreiben. Voilà, Sie halten ihn gerade in der Hand.

Egal ob Sie mit diesem Wissen dann Ihre eigene Webseite als Karriereoption nutzen, oder ob Sie über die Empfehlung anderer Produkte als Affiliate Ihren Lebensunterhalt verdienen möchten, oder ob Sie tatsächlich als Angestellter Online-Marketing-Manager in einem Unternehmen einen Arbeitsplatz finden möchten: Dieses Buch wird Ihnen den Weg dorthin extrem vereinfachen und vielleicht sogar erst ermöglichen.

Ein Ferrari ohne Lenkrad ist auch nur ein teures Stück Blech

Jeder erzählt Ihnen, dass Sie noch nicht alles haben, was Sie brauchen um erfolgreich zu sein.
Jeder erzählt Ihnen immer genau das, was demjenigen am Ende am meisten Umsatz bringt.
„Sie brauchen noch diesen Kurs.“
„Sie brauchen noch jenes neue Tool.“
Oder *„Sie müssen noch dieses Seminar besuchen und jenes Plug-in für Ihre Webseite kaufen, sonst wird aus Ihrem Erfolg nichts.“*

So, jetzt denken Sie:
„Ja, genauso wie Sie gerade, Herr Schoel. Sie werden mir jetzt gleich erzählen, dass ich noch eine neue Webseite oder ein neues Tool oder noch irgendein teures Abo abschließen muss, um erfolgreich zu sein.“
Nein. Ganz im Gegenteil.
Ich gebe Ihnen hier mal die blanke Wahrheit.

Die blanke Wahrheit ist:
Sie haben bereits alles, was Sie brauchen, um erfolgreich zu sein.
Sie haben eine Webseite?
Na also. Dann haben sie alles notwendige. Sie brauchen nicht „noch mehr" und „noch mehr Programme" und „noch mehr Kurse" und „noch mehr irgendwas".

Sie haben bereits alle „Zutaten" für Ihren Online-Erfolg gesammelt. Jetzt müssen Sie das alles nur noch in die richtige Reihenfolge bringen.

Lassen Sie sich das also bitte ab sofort nicht mehr einreden.
Schreiben Sie das groß irgendwo hin und hängen Sie es sich an den Computer:
Sie haben bereits alles, was Sie brauchen.
Hören Sie sofort auf damit, sich mit irgendwelchen Wunderpillen oder Webseite-Heilern zu beschäftigen, die Ihnen erzählen wollen, dass Sie nur noch **DAS EINE DING** kaufen müssen.

Nichts. Stop. Aufhören.
Kein Geld mehr ausgeben, bis Sie mir bis zum Ende zugehört haben.

Ich vergleiche das immer gern mit einer Goldmine. Ihre Webseite ist ein Berg, in dem sich Gold verbirgt. Sie wissen, dass Ihr Produkt, Ihre Dienstleistung, Ihre Beratung wirklich gut ist und vielen Leuten helfen kann. Das ist Ihr Gold. Das ist das, womit Sie Geld machen können.

Jetzt müssen Sie nur noch einen Weg finden, wie möglichst viele Leute das erkennen können.
Sie müssen also einen Weg finden, wie Sie das Gold zu Geld umwandeln.
Einen Weg, wie Sie ihr Produkt, Ihr Wissen, Ihre Dienstleistung gegen Geld verkaufen können.

Die zwei wichtigsten Komponenten dazu haben Sie bereits:

- Sich selbst, Ihr Produkt oder Ihre Dienstleistung
- Ihre Webseite, aus der sie Geld gewinnen können.

Sie brauchen nichts zusätzliches.
Sie haben bereits alles.
Sie müssen es nur noch in die richtige Reihenfolge bringen.

Zurück zum Vergleich mit einer Goldmine:
Sie wissen, in dem Berg verbirgt sich Gold, das Sie zu Geld machen können.
Sie kaufen sich Bagger und Bohrer und bauen Betriebshallen und bohren Löcher in den Berg.
Das ist der eine Teil, der notwendig ist: Die „Infrastruktur". Das Werkzeug.

Jetzt haben Sie einen großen Fuhrpark und Geräte herumstehen und verdienen immer noch kein Geld?

Warum?

Ganz einfach:
Das Gold liegt immer noch da, wo es vorher gelegen hat. Mitten im Berg. Da bringt es Ihnen auch nichts, noch ein Werkzeug und noch ein Werkzeug zu kaufen. Das kostet Sie bloß Zeit und Geld. Das Gold hat sich aber immer noch keinen Millimeter bewegt.

Mit Ihrer Webseite haben Sie die gleiche Situation:
Ihre Webseite ist die notwendige ***„Infrastruktur"***, Ihre ***„Werkzeugkiste"*** und Ihr ***„Fahrzeug"*** auf dem Weg zum Internet-Einkommen. Doch das Fahrzeug alleine bringt Ihnen nichts. Sie müssen auch wissen wie Sie es lenken.

Stellen Sie sich vor, es steht ein nagelneuer Ferrari vor Ihrer Tür. Voller Erwartung springen Sie die Treppe hinab, stürzen sich zur Haustür hinaus und stehen vor dem guten Stück.
Sie öffnen die Türe und Ihnen steigt der Geruch von absolut unberührten Ledersitzen in die Nase.

Abb.: Ferrari, mehr als nur ein Stück Blech

Doch was ist das? Das Lenkrad fehlt. Kein Lenkrad. Keine Möglichkeit den Ferrari zu lenken. Nichtmal ein Amaturenbrett und auch kein Tachometer.

Sie würden in diesem Fall doch auch nicht einfach eine Spritztour starten. Ohne Lenkrad. Ohne Tacho. Sie wissen: Das kann nur in einem Unfall enden.

Genauso ist das mit Ihrer eigenen Webseite. Die Webseite ist nur das Gefährt. Sie werden erst dann mit Ihrer eigenen Webseite so richtig Gas geben können, wenn Sie gelernt haben Ihre Webseite in Richtung Erfolg zu lenken.

Die Webseite alleine bringt noch keinen Umsatz. Ihre Webseite alleine verkauft nichts. Ihre Webseite bietet Ihnen nur die Plattform und die Möglichkeit dazu, darüber Geld zu verdienen.

Im weiteren Verlauf dieses Buchs werden Sie lernen, den Erfolg Ihrer Webseite regelrecht zu lenken. Mehr Infos auch unter https://erfolgbar.de

Eine Webseite alleine bringt noch keinen Umsatz.

Ihre Webseite alleine verkauft nichts. Gar nichts.
Ihre Webseite bietet Ihnen nur die Plattform und die Möglichkeit dazu, darüber Geld zu verdienen.

Egal wie lange Sie schon versuchen, mehr Kunden, Verkäufe oder Umsätze über Ihre Webseite zu generieren.
Egal wie verzweifelt Sie im Moment sein mögen, und egal, wie viele unterschiedliche Sachen Sie schon versucht haben und es immer noch nicht läuft.

Ich verspreche Ihnen:
Lesen Sie das Buch bis zum Ende und Sie werden sehen, Erfolg im Online Business ist definitiv kein Hexenwerk!

- Sie brauchen dazu kein Verkaufstalent.
- Sie müssen kein Online-Marketing-Profi sein.
- Sie benötigen auch nicht viele Jahre an Erfahrung.

Ich kenne Leute, die haben vor einem halben Jahr damit begonnen, sich mit dem Thema zu beschäftigen und sind auf Anhieb von 0 auf 100 erfolgreich gestartet. Ich kenne aber auch andere, die optimieren schon seit Jahren Ihre Webseite, aber nichts bewegt sich. Sie basteln quasi an Ihrer Webseite ohne einen Plan zu verfolgen.

Was macht also den Unterschied?

Sie brauchen einen glasklaren Ablauf, was genau Sie jetzt mit Ihrer Webseite in Angriff nehmen müssen:

1. Genügend Besucher auf Ihre Webseite zu bringen
2. Genügend Besucher zu Interessenten wandeln
3. Genügend dieser Interessenten dann zu zahlenden Kunden zu machen.

Egal ob mit Ihrem eigenen Produkt, mit Ihrer eigenen Dienstleistung oder als Affiliate mit dem Produkt eines anderen Herstellers. Völlig egal. Der Prozess ist immer der Gleiche.

In diesem Buch geht es um die fünf großen Bausteine, die zu einem erfolgreichen Internetprojekt führen.

Diese fünf Bausteine bilden das Fundament eines jeden erfolgreichen Internetprojektes. Diese Bausteine sind die Basis, die für den langfristigen Erfolg verantwortlich sind. Je besser die einzelnen Bausteine für sich funktionieren, desto besser wird Ihr Projekt als Ganzes funktionieren.

Solange Sie diese fünf Elemente Ihres Online-Projektes nicht kennen und verbessern, so lange wird Ihnen auch nichts anderes den Erfolg bringen, den Sie sich wünschen. Das höchste Hochhaus wird nur dann langfristig stabil stehen können, wenn das Fundament stabil ist. Sie können die Wände Ihres Hochhauses in den buntesten und hochwertigsten Farben streichen. Das wird nichts daran ändern, dass das Fundament bröckelt und die Hütte über kurz oder lang zusammenfallen wird.

Genauso wenig wie eine neue Lackierung aus einem alten Opel einen neuen Ferrari macht, genauso wenig wird Ihnen eine oberflächliche Änderung an Ihrer Webseite den gewünschten Erfolg bringen.

Lassen Sie uns also damit beginnen, das Fundament Ihres Online-Projektes zu verbessern. Sie werden überrascht sein, wie schnell sich anschließend der gewünschte Erfolg ganz wie von selbst ergibt.

Was dieses Buch NICHT ist

Ich werde Ihnen nicht erzählen, wie Sie über das Internet schnell reich werden.

Es geht hier auch nicht um die gerissenste neue Einkommensquelle im Internet. Wenn Sie also nach dem großen roten Knopf im Internet suchen, der Ihnen – ganz ohne Arbeit – tonnenweise Geld auf Ihr Bankkonto fließen lässt, dann schließen Sie das Buch jetzt schnellstmöglichs. Denn in diesem Falle sind Sie noch nicht für das Wissen in diesem Buch bereit. Ich sage als Profi, Geldverdienen auf Knopfdruck wurde noch nicht erfunden.

Sie werden Internet ist überflutet von Infos, Strategien und Kursen, die Ihnen eine einfache und kostenlose Abkürzung zu Ruhm und Reichtum versprechen. Diese Flut von Angeboten bringt Sie lediglich durcheinander. Deshalb erkennen Sie den Wald vor lauter Bäumen nicht mehr.

Genau das möchte und werde ich mit diesem Buch ändern!

Ich zeige Ihnen einen Weg, auf dem Sie sofort erkennen, was für Sie im Moment wirklich notwendig ist.
Sie werden erfahren, wie Sie ab sofort exakt wissen, mit was Sie sich tatsächlich beschäftigen müssen und was Sie einfach ignorieren sollten.

Es scheint ja immer alles gleich wichtig zu sein. Jeder Hersteller von Kursen, Programme oder Webseiten-Erweiterungen hat gelernt, sein Produkt gut zu verkaufen.
Daher wird auch immer alles so dargestellt, als müssten Sie sich unbedingt damit beschäftigen.

Ich sage nicht, dass viele dieser Kurse und Produkte wertlos sind (obwohl schon echt viel überflüssiges Zeug da draußen herumschwirrt).

Ich sage nur, dass Sie nicht immer alles sofort brauchen.
Es kann gut möglich sein, dass der eine oder andere Kurs in Ihrer Situation wirklich weiterhelfen würde. Aber die Betonung hier liegt auf ***„in Ihrer Situation"***.

Wenn Sie immer nur aus dem Bauch heraus entscheiden, welchem Ratschlag Sie als nächstes folgen, dann ist die Wahrscheinlichkeit sehr, sehr groß, dass dies gerade überhaupt nicht das ist, was Sie ***in Ihrer Situation*** auch wirklich weiter bringt.

Ihnen fehlt also momentan die Möglichkeit:

- Ihre Situation genau zu erkennen.
- Genau zu wissen, mit was Sie sich jetzt im ersten Schritt **WIRKLICH** beschäftigen **MÜSSEN**.

Genauso wenig, wie Sie sich bei Krankheit einfach irgendwelche Pillen einnehmen, die gerade zufällig herumliegen, genauso wenig sollten Sie nicht einfach irgendwas machen, wenn Ihre Webseite nicht funktioniert.

Der einzige Weg, der Ihre Situation verbessern wird, ist der, dass Sie exakt erkennen, wo genau Ihre Webseite im Moment die größte Schwachstelle hat und Sie genau **DORT** aktiv werden, wo die größte Schwachstelle sitzt.
NUR DANN suchen Sie sich genau für diese Schwachstelle die benötigte Hilfe, den benötigten Kurs oder beschäftigen sich mit dem benötigten Ratschlag.
Alles andere müssen Sie einfach ignorieren.
Das lenkt Sie zu stark ab.

Sie haben nur ein paar Stunden in der Woche, in denen Sie sich mit Ihrer Webseite beschäftigen können.
Diese Zeit müssen Sie genau dort einsetzen, wo Sie die größte Verbesserung hervorrufen können.

Nur wenn Sie:

- die größten Schwachstellen Ihrer Webseite kennen,
- genau dort Ihre Zeit einsetzen, um diese Schwachstellen zu beheben, werden Sie Ihre Webseite zu dem machen, was Sie sich wünschen.

Nur dann werden Sie zusätzliche Verkäufe, zusätzliche Aufträge und zusätzliches Geld über Ihre Webseite verdienen.

Und wie Sie das genau anstellen, das zeige ich Ihnen hier auf den nächsten 180 Seiten

Kurze Anmerkung zum Sprachgebrauch:

Wenn ich in diesem Buch von „Angebot" spreche, *dann spreche ich nicht von Angeboten im Sinne von Sonderpreisen, sondern von dem Angebot in seiner Gesamtheit: Ihrer Dienstleistung, Ihrem Produkt und dem Nutzen, den Ihr Angebot dem Kunden bringt.*

Wenn ich in diesem Buch von „Nutzern" spreche*, dann sind damit die einzigen Menschen gemeint, die Sie durch Ihr Angebot erreichen können: Die Menschen, die einen Nutzen aus Ihrem Angebot erfahren.*

TEIL 2: THEORIE:
Den Geldfluss kennen lernen

„Mit dieser Webseite wollt Ihr online gehen?“

„Mit dieser Webseite wollt Ihr online gehen? Dieses halbfertige Gebilde wollt Ihr allen Ernstes morgen veröffentlichen?“ – Das waren meine Worte, als ich gerade mein erstes Meeting bei Fossil Inc. (dem Uhren- und Lifestyle-Giganten) in den USA miterleben durfte.

„Halbfertig“, „unausgegoren“, „nicht perfekt“ – waren die Worte, die mir bis heute in meinem (damals noch sehr „deutsch“ denkenden) Kopf herumschwirrten, wenn ich an die Webseite denke, die am nächsten Tag veröffentlicht werden sollte. Und das in einem Top-Konzern mit tausenden Besuchern pro Tag auf der Webseite.

Wie ich über die darauffolgenden sieben Jahre bei Fossil in den USA lernte, war aber genau DAS das Erfolgskonzept. Über diese Strategie der „halbfertigen“ Webseiten wurden anschließend in weniger als 12 Monaten ganze sechs höchst erfolgreiche Webseiten wie am Fließband produziert (Armani, Diesel, DKNY, Adidas, Burberry und Philippe-Patrick Starck).

Und um es vorweg zu nehmen: Dieses Erfolgskonzept der „halbfertigen“ Webseite hat auch mir selbst und Hunderten meiner Kunden (die weit kleiner sind als der Modegigant Fossil) den Weg zum Online Erfolg mit Webseiten geebnet.

Wie soll das gehen? Und warum geht ein erfahrener Onlineshop-Betreiber mit einer „halbfertigen“ Webseite an den Start?

Genau das habe ich den damaligen Vizepräsident „E-Commerce“ (namens „John“), der für den Shop zuständig war, auch gefragt. Seine Antwort war genauso einfach wie verblüffend und hat mir die Augen geöffnet. (Sehr) frei aus dem Englischen übersetzt:

„Egal wie weit wir die Webseite in unseren eigenen Augen noch verbessern möchten: Die Seite wird nie perfekt sein, solange wir uns nicht schnellstmöglich die Meinung unserer Kunden einholen. Alles andere ist Bauchgefühl und digitale Selbstbefriedigung. Und beides hat keinen Platz in einem profitablen Online-Business.“

Da war sie, die Wahrheit. Der Grund, warum keines meiner eigenen Online-Projekte bis zu diesem Zeitpunkt so richtig erfolgreich geworden war: Ich dachte meine Seiten dürften erst dann online gehen, wenn ich selbst damit in jeder Einzelheit zufrieden war. Weit gefehlt. Natürlich hatte John Recht. Wir bauen doch unsere Webseiten nicht für uns selbst. Wir wollen damit Geschäfte machen und Geld verdienen. Da ist es doch eigentlich glasklar, dass wir die Webseite auch so gestalten sollten, dass Sie nicht uns, sondern unseren zukünftigen Kunden auf den Leib geschneidert ist.

Diese „Halbfertigkeit“ der Webseite, die am nächsten Tag tatsächlich auch veröffentlicht wurde, war also der schnellste (und einzige) Weg zur perfekten Webseite, die dann auch Umsatz erzielte.

Was danach folgte, war der eigentliche Clou. Natürlich wurde dann nicht einfach auf den Button „veröffentlichen“ gedrückt und auf das Beste gehofft. (Denn „Hoffnung“ hat im Online-Business genauso wenig verloren wie „Bauchgefühl“.)

Über die nächsten 30 Tage wurden täglich am Ende des Tages zu Geschäftsschluss die Webseiten-Auswertungen angesehen. Wo wurde geklickt. Wo wurde nicht geklickt. Was kommt besonders gut bei den Besuchern an? Was muss geändert werden, weil die Besucher es nicht so gerne sehen?

So wurde diese bewusst halbfertig veröffentlichte Webseite über die darauf folgenden 30 Tage zum absoluten Kundenmagneten. Die Webseite wurde den Besuchern regelrecht auf den Leib geschneidert. Die „perfekte" Webseite ist auf den Weg gebracht.

Kommentar: Zwei Grundwahrheiten des Geldflusses im Internet ...

In dieser kurzen Geschichte verbergen sich zwei der wichtigsten Wege zum erfolgreichen Web Projekt...
Das was John hier mit seinem Team als „goldenen Weg" erkannt hatte, genau das sehe ich seit über 10 Jahren in jedem erfolgreichen Onlineprojekt. Es funktioniert einfach. Und immer und immer wieder. Egal in welcher Branche. Egal für welches Produkt. Egal für welche Zielgruppe. Egal.

Learning #1:
Die erfolgreichsten Web-Projekte gehen bewusst „unfertig" an den Start. Der einzige Weg zur Perfektion ist der Weg der Unfertigkeit. Die erfolgreichsten und erfahrendsten Online Unternehmer haben einen Weg gefunden, Webseiten zu erstellen, die zu 100% erfolgreich werden. Warum? Ganz einfach: Diese Unternehmer erstellen eine Webseite nicht nur dazu um Informationen darzustellen und das Produkt zu verkaufen, sondern vor allem deshalb, weil man über diese Webseite erkennt, was die Nutzer sich wirklich wünschen.
Anschließend werden diese Wünsche durch die Anpassung der Webseite erfüllt.

Somit entsteht in kürzester Zeit eine Webseite, die genau so aussieht wie die Besucher sich das wünschen.
Der Erfolg ergibt sich dann ganz automatisch.

Learning #2:
Die Webseiten, die es schaffen den Geldfluss gezielt in Bewegung bringen sind nicht perfekt. Die Webseiten, die den meisten Geldfluss starten, sind diejenigen, die sich Schritt für Schritt den Wünschen der Besucher anpassen. Der Geldfluss im Internet hat daher nichts mit „Talent", „Glück" oder gar einer längeren Ausbildung zu tun. Der Geldfluss lässt sich bewusst und gezielt in Bewegung bringen. In zwei einfachen Schritten:
1. Wünsche der Besucher erkennen
2. Diese Wünsche zu erfüllen durch die Anpassung der Webseite.

Genau hier entstand auch der Begriff, der heute als Titel dieses Buches dient: „ERFOLGBAR machen".
Machen Sie Ihre Webseite in drei Schritten „ERFOLGBAR":

1. Zögern Sie nicht länger und veröffentlichen Sie sofort Ihre Webseite.
2. Lesen Sie dieses Buch zu Ende um zu lernen, wie Sie die Wünsche Ihrer Besucher erkennen
3. Erfüllen Sie diese Wünsche indem Sie Ihre Webseite entsprechend anpassen.

Es hat noch nie jemand eine Webseite „erfolgreich" gemacht.
Das geht nicht. Denn nicht der Webseitenbetreiber ist für den Erfolg verantwortlich, sondern die Besucher der Webseite.
Nur die Besucher einer Webseite sind für den Erfolg verantwortlich. Nur die Besucher können klicken, kaufen oder Email Adressen in den Newsletter eintragen. Sie als Webseitenbetreiber können nur die Voraussetzungen für den Erfolg schaffen: Machen Sie Ihre Webseite ERFOLGBAR.

KOMMENTAR RALF SCHMITZ

„Mein Motto lautet: „Einfach ist zu kompliziert". Dieses Motto ist irgendwie im Laufe der letzten 10 Jahre entstanden. Ich durfte mittlerweile sehr viele Menschen kennenlernen, coachen und über einen längeren Zeitraum betreuen. Was ich immer wieder feststellen muss, ist dass es sich die meisten Menschen einfach zu schwer machen. Wichtig ist, dass man schnell online kommt, dass man schnell Erfahrungen sammeln kann.
Leider möchten die meisten Online Marketer mit einer „perfekten Webseite" online gehen. Aber mal ganz ehrlich „perfekt gibt es nie!" Was in Ihren Augen „perfekt" ist, muss für den Webseitenbesucher oder potentiellen Kunden noch lange nicht perfekt sein.
Das heißt zuerst mal online gehen und dann lernen und verbessern. Und zwar genau von denen lernen, für die es „perfekt" sein muß. Richtig dem Webseitenbesucher und potentiellen Käufern. Was in unseren Augen perfekt ist, zählt überhaupt nicht.
Deswegen ist es totaler Blödsinn, zuerst 3-6 Monate an einer Webseite zu bauen.

Nehmen Sie sich eines der zahlreich vorhanden Tools, wie Optimizepress oder Thrive Themes und passen ein fertiges Template mit Ihren Daten und Texten an.
Dann online Schitt für Schritt zu verbessern.
Florian sagt er ja auch immer: „Erfolgreiches Online-Marketing ist wie Fahrrad fahren, während man das Fahrrad noch zusammenbaut".

Bevor wir uns jetzt direkt an die Verbesserung Ihrer Situation und Ihrer Webseite machen, damit Sie möglichst schnell neue Kunden und Verkäufe über Ihre Webseite erhalten, möchte ich noch kurz zwei Worte über den Titel dieses Buchs verlieren.

ERFOLGBAR machen, Was für ein fantastischer Buchtitel. Treffender hätte er gar nicht gewählt werden können.

Haben Sie auch manchmal das Gefühl, dass der Erfolg Ihrer Webseite hauptsächlich von Glück und Zufall geregelt wird? Vor allem dann, wenn Sie nicht jeden Tag neue Anfragen von Kunden oder noch keine großen Umsätze über Ihre Webseite erhalten.

Man könnte fast den Eindruck gewinnen, dass sich einfach keine Kunden für Ihr eigenes Geschäft im Internet finden lassen. Egal was Sie versuchen, nichts davon scheint zu funktionieren.

Vielleicht haben Sie sogar bereits sehr viel Zeit und Geld investiert, um eine tolle Webseite programmieren zu lassen und hatten einen Profi-Designer am Werk.

Im schlimmsten Fall haben Sie sogar bereits Geld für Internet-Werbung ausgegeben. Alles ohne Erfolg. Außer Spesen – nichts gewesen. Keine neuen Aufträge. Keine Verkäufe. Keine Anfragen. Nicht einmal eine Kontaktanfrage.

Auch auf die Empfehlungen und Tipps von „Spezialisten" ist kein Verlass. Jeder erzählt Ihnen genau das, was demjenigen am meisten zusätzlichen Umsatz in seine eigenen Taschen verspricht.

Der Designer sagt, ein neues Design muss her. Der Programmierer sagt, dass eine neue Programmierung Ihr Problem lösen wird und die Werbeagentur verkauft Ihnen zusätzliche Werbemaßnahmen.

Niemand kümmert sich um das zugrundeliegende Problem. Niemand zeigt Ihnen – unabhängig, unbefangen und ohne eigene Verkaufsabsichten – den Weg zu Ihrem Ziel.

Außer mir.
Ohne Selbstbeweihräucherung kann ich guten Gewissens behaupten, dass 99 % aller „Berater" da draußen nicht in Ihrem Interesse beraten, sondern nur vom eigenen Umsatz getrieben, Dinge empfehlen, die in den wenigsten Fällen Ihr tatsächliches Problem lösen werden.

Bevor Sie sich um Dinge wie ein neues Design oder zusätzliche Werbeschaltung für Ihre Website kümmern, müssen Sie sich zuerst über notwendige Grundlagen Gedanken machen. Ohne diese Grundlagen wird keine andere Aktion Früchte tragen. Das Fundament der erfolgreichen Vermarktung Ihrer Idee und Ihres Angebotes muss solide stehen.

Wie bei jedem Gebäude ist das Fundament der unsichtbare Teil, der mit das Wichtigste ist.

Dabei ist es so einfach. Sie werden mir im ersten Augenblick vielleicht noch nicht glauben, wenn ich Ihnen sage, dass die Lösung für Ihr Problem im Grunde sehr einfach ist. Viel zu einfach. So einfach, dass Ihnen bisher noch niemand dazu geraten hat, weil sich damit von keinem Spezialisten Geld verdienen lässt.

Sie können das alles selbst erledigen. Im Grunde sind es nur fünf einfache Aufgaben, die Sie erledigen müssen, damit sich das Blatt – endlich – zu Ihren Gunsten wenden wird.

Genau wie das Fundament eines jeden Gebäudes zwar unsichtbar ist, aber trotzdem der wichtigste Teil eines erfolgreichen Bauvorhabens – genauso beginnt Ihr erfolgreicher Auftritt im Internet mit einem soliden Fundament.

Nicht das Design oder die Programmierung und auch nicht der Preis Ihres Angebotes entscheidet über den Erfolg Ihrer Webseite, sondern das Fundament.

Sobald das Fundament solide gegossen wurde, ergibt sich der Erfolg wie von selbst. Vor allem im Internet.

Erfolg im Internet hat nichts mit Talent, Zufall oder Glück zu tun.

Erfolg im Internet wird gemacht. Erfolg im Internet lässt sich regelrecht produzieren. Nicht umsonst gibt es immer mehr junge Unternehmer im Internet. Und ich spreche hier nicht von den wenigen Millionenunternehmern mit dicken Autos und einem Lifestyle jenseits der Vorstellungskraft. Nein. Das sind tatsächlich Ausnahmefälle, die sich nur mit jahrelanger Erfahrung langfristig halten lassen.

Ich spreche von zehntausenden Menschen in Deutschland, die sich und ihrer Familie ein solides und regelmäßiges monatliches Grundeinkommen im Internet sichern. Ein dauerhaftes und stabiles Einkommen zwischen 3.000 bis 5.000 Euro, die am Monatsende auch auf Ihrem Konto ankommen könnten.

Dieser Erfolg ist planbar. Dieser Erfolg ist für jeden Menschen zwischen jung und alt machbar. Dieser Erfolg lässt sich erreichen. Und so wie Dinge, die sich machen lassen „machbar" sind, so ist der Erfolg, der sich machen lässt, ab heute für Sie **ERFOLGBAR**.

Erfolgbarkeit ist die Voraussetzung für den Erfolg Ihrer Webseite. Ich zeige Ihnen im Rest des Buches, wie Sie Ihre eigene Webseite erfolgbar machen und endlich die Erfolge zu erreichen, die Sie sich schon so lange erhoffen.

Verködert?

Das Gegenteil von erfolgbar ist „verködert".
Wenn Sie im Moment noch das Gefühl haben, dass der Erfolg Ihrer Webseite hauptsächlich von Glück und Zufall abhängt, dann haben Sie sich – wie Sie im Rest dieses Buches erfahren werden – schlicht und einfach „verködert".

Mein Vater ist ein großer Angel-Fan oder wie auch immer man sich bezeichnet, wenn man aus Spaß an der Freude den ganzen Tag auf einem Boot herumsitzt und eine Schnur ins Wasser hält.

Ab und an sitze ich gemeinsam mit ihm auf diesem Boot und halte auch meine eigene Nylonschnur ins Wasser in der Hoffnung darauf, dass ich einen dicken Fisch mit nach Hause nehmen werde.
In den meisten Fällen sieht das dann so aus, dass mein Vater als erfahrener Angler einen Fisch nach dem anderen ins Boot holt. So als würden die Fische nur darauf warten, dass sie endlich an seine Angel springen dürfen.

Ich auf der anderen Seite sitze Stunde um Stunde neben ihm und „bade meinen Köder". Kein einziger Fisch beißt an.

Was macht den Unterschied?
An bestimmten Stellen im See sammeln sich nämlich bestimmte Arten von Fischen, die eben auf bestimmte Arten von Ködern Appetit haben.

So lässt sich der Angelerfolg für meinen Vater ganz einfach produzieren: Mein Vater weiß exakt, zu welchem Zeitpunkt und an welcher Stelle im See er welchen Köder nutzen muss.

Ich kann also mit meinem Boot auf einem Ozean herum rudern, der bis zum Rand gefüllt ist mit den dicksten Fischen und trotzdem werde ich keinen einzigen davon fangen, wenn ich nicht zum richtigen Zeitpunkt den richtigen Köder präsentiere.

Die Parallelen zum Online-Marketing und zu einer erfolgreichen Webseite sind schnell gezogen: Ihre Webseite ist das Boot. Das Internet ist der Ozean. Ihre Interessenten und Kunden sind die Fische.

Selbst das beste Produkt und die beste Dienstleistung, die Sie anbieten, wird nur dann einen Käufer finden, wenn Sie wissen, zu welchem Zeitpunkt Sie mit welchem Argument an Ihren Interessenten herantreten müssen. Das falsche Argument zum falschen Zeitpunkt und Sie sehen den Webseitenbesucher niemals mehr wieder. Sie haben sich in diesem Fall ganz einfach „verködert".

Das Gute daran: Im Umkehrschluss wird es sehr einfach für Sie sein, durch ein paar kleine Änderungen an Ihrer Webseite, an Ihrem Angebot und an Ihren Werbeaktionen, dass sich das Blatt recht schnell für Sie zum Positiven wenden wird.

Von der Webseite zur Internet-Goldmine

Sie haben eine Webseite und machen nur wenig oder gar keinen Umsatz damit? Sie haben sich das Ganze etwas anders vorgestellt? Eigentlich sollte Ihre Webseite zu einem zweiten Standbein werden oder gar Ihr gesamtes Einkommen erwirtschaften? Es hat bereits viel länger gedauert, als Sie dachten und war auch viel mehr Arbeit (und finanzieller Aufwand), um Ihre Webseite endlich zu erstellen.

Doch wo bleibt jetzt das erhoffte zusätzliche Einkommen?
Wie wird aus Ihrer Webseite jetzt eine wirkliche Karriere-Option, die langfristig Ihr gesamtes Einkommen sichern kann?

Das erzählt Ihnen natürlich niemand.
Warum? Ganz einfach: Die Wenigsten wissen, wie es funktioniert. Und wenn sie es wissen, dann wird dieses Wissen bewusst zurückgehalten, um Ihnen das nächste Seminar und den nächsten Workshop oder Kurs zu verkaufen.

Sie erhalten für gewöhnlich mit jedem Kurs/Buch/Seminar, das Sie kaufen, immer nur einen kleinen Baustein geliefert. So sammeln Sie über die Monate und Jahre sehr viele einzelne Puzzleteile ein.

Irgendwann haben Sie es dann geschafft: Ihre Webseite steht bereit und empfängt auch die ersten Besucher.

Doch was dann?
Wie lenkt man die Erfolge seiner Webseite? Wie kann es sein, dass es Webseiten da draußen gibt, die mit exakt demselben Thema wie Ihres sehr gutes Geld verdienen und Sie sitzen nach wie vor und warten auf den erhofften finanziellen Erfolg Ihrer Homepage.

Ist das alles Zufall? Glück? Oder Talent?
Nichts von alledem. Erfolg im Internet und finanzieller Erfolg Ihrer eigenen Webseite hat nichts mit Glück, Talent oder Zufall zu tun.

„Erfolg im Internet wird gemacht."
Sie werden in diesem Buch recht schnell erkennen, dass es einen vorgegebenen Weg gibt, den Sie gehen können, um Ihre bestehende Webseite zum gewünschten Einkommen für sich und Ihre Familie führen können.

Bauchgefühl ist der schlechteste Unternehmensberater

Ich hoffe, Ihnen mit diesem Buch den ersten Leitfaden seiner Art zur Verfügung zu stellen, der Ihnen dabei hilft, Ihre Webseite nicht mehr länger dem Zufall zu überlassen und „aus dem Bauch heraus" zu agieren.
Denn das „Bauchgefühl" mag an anderer Stelle seinen Platz haben – im Internet-Marketing und zur Steigerung Ihrer Webseiten-Erfolge ist es absolut unbrauchbar.

Es lässt sich jede Webseite – egal wie schlecht – Schritt für Schritt und ganz gezielt zum gewünschten Erfolg führen.

Zwei Fakten, die Sie kennen müssen

Zwei Wahrheiten die Sie kennen müssen, um aus Ihrer Webseite eine tatsächliche Karriere-Option mit überdurchschnittlichen Verdienst-Aussichten zu machen:

1. Es lässt sich für absolut jedes Produkt und jede Dienstleistung im Internet eine Gruppe von Käufern finden, die groß genug ist, dass Sie davon leben können.

Das deutschsprachige Internet ist unvorstellbar groß. So gibt es immer (und ich meine immer) genug Käufer da draußen, so dass Sie mit Ihrer Internetseite sehr bequem davon leben könnten.

Sie können also aufhören, daran zu zweifeln „ob das überhaupt jemals etwas werden wird". Denn es ist nur noch eine Frage der Zeit, bis Sie dieses Buch fertig gelesen haben und den exakten Weg kennen, der Ihnen genau **DIE** Menschen auf Ihre Webseite bringen wird, die dann auch bereit sind, Geld auszugeben.

2. Es lässt sich über jede Webseite – und ich meine damit auch IHRE Webseite – ein Einkommensstrom aufbauen, der Ihren Lebensunterhalt finanzieren wird.

Ihre Webseite ist fein, so wie sie ist. Hören Sie auf damit, an Ihrer Webseite herumzubiegen und -zerren. Ungezieltes Ändern von Einzelheiten wird Ihnen auch nicht den gewünschten Erfolg bringen. Ihre Webseite ist OK, so wie sie ist.

Sie haben somit bereits alles, was Sie brauchen, um über Ihre Webseite einen soliden Einkommensstrom zu generieren:

- Ihr Angebot/Ihr Produkt oder Ihre Dienstleistung
- Ihre eigene Webseite

Ohne dass Sie es wissen, sind Sie bereits zu 90 % an Ihrem Ziel.
Lassen Sie sich nicht weiter verunsichern und einreden, dass Sie noch lange nicht alles haben, was dazu notwendig ist, um erfolgreich zu sein. Das ist alles nur Verkaufsgeschwätz von Produktherstellern des nächsten Kurses, den Sie kaufen sollen.

Hören Sie also auf damit, einen Kurs nach dem anderen zu kaufen oder ungezielt mal hier und mal da irgendetwas zu „probieren" oder an Ihrer Webseite auf Zufall irgendwelche Einzelheiten zu ändern.

Fangen Sie einfach damit an, dem vorgezeichneten Ablauf von der Webseite zur Internet-Goldmine zu folgen, den ich Ihnen im Rest dieses Buches präsentieren werde.

Sie fragen sich jetzt vielleicht:
„Was macht dich denn zum „Experten" Florian? Warum soll ich dir das alles glauben?„
„Schon wieder so ein daher gelaufener Experte in irgendeinem Spezialgebiet, mit dem er sein Geld verdient."

Dass Sie misstrauisch sind, kann ich gut verstehen (bei der schier unendlichen „Flut" an Labertaschen-Experten und deren Empfehlungen).

Wer mich persönlich kennt, weiß dass ich nicht der Marketing-Brüll-Affe bin, der sich bei jeder Gelegenheit in den Vordergrund drängt. Es geht in diesem Buch auch nicht um mich, sondern um Ihren Weg zur Maximierung Ihres Einkommens über Ihre Webseite.

Trotzdem möchte ich mich kurz bei Ihnen vorstellen. Erstens weil es sich gehört, und zweitens, weil ich in Ihrem Kopf jeden noch so kleinen Zweifel entfernen möchte, bevor wir mit den Inhalten des Buches richtig starten. Denn nur dann, wenn Ihr Kopf frei ist, werden Sie das Meiste aus diesem Buch herausholen und sich sofort an die Umsetzung machen auf Ihrem Weg von der Webseite zur Internet-Goldmine.

Die Stationen meiner Karriere sind recht kurz geschildert:

- Ausbildung zum Mediengestalter bei Fossil in Deutschland
- 7 Jahre USA: E-Commerce-Abteilung von Fossil (Online-Marketing für Fossil, Diesel, Armani, DKNY, Adidas, Burberry)
- Rückkehr nach Deutschland und Gründung meiner eigenen E-Commerce-Consulting-Agentur (www.klickpro.de)

In dieser Zeit habe ich, neben unseren eigenen zahlreichen (sehr erfolgreichen und auch weniger erfolgreichen) Online-Projekten, mehr als 500 anderen Webseiten- und Online-Unternehmern dabei geholfen, deren Webseiten zur Internet-Goldmine zu verwandeln.

Der Weg zum Erfolg ist dabei immer der gleiche.

Egal ob beim Global Player mit Milliardenumsatz oder beim Einzelunternehmer mit eigener Webseite.
Die Schritte von 0 zu den überdurchschnittlichen Verdienstmöglichkeiten von 4000, 5000 oder auch 12000 Euro im Monat und mehr sind immer die gleichen.

Wenn ich über die letzten 15 Jahre eines über das Internet-Business gelernt habe, dann ist es das:
Jedes Produkt, jede Dienstleistung und jede Webseite bietet die Möglichkeit, ein vollwertiges Jahreseinkommen im Internet damit zu generieren.

Egal wie „schlecht" Ihre Situation gerade zu sein scheint:
Sie sind mit größter Wahrscheinlichkeit bereits zu 90 % am Ziel.

Doch leider scheitern fast alle Webseiten an diesen letzten 10 %, die dann den lang ersehnten Durchbruch bedeuten würden.

Ich habe bereits beides selbst erlebt:

1. Diese letzten 10 % auf dem Weg zum Online-Erfolg können entweder in 2–3 Wochen erfolgreich erledigt sein
2. oder sie führen auf einen fatalen Irrweg, der dann nach vielen Jahren des Umherirrens dazu führt, dass der Unternehmer aufgibt und der Traum vom Internet-Einkommen stirbt.

Der Unterschied zwischen Erfolg und Misserfolg ist hauchdünn, und der Weg vom „Misserfolg" zum „Erfolg" nur zwei Schritte entfernt: Den zwei Schlüsselfragen auf dem Weg zur erfolgreichen Webseite.

Die zwei Schlüsselfragen auf dem Weg zum Geldfluss auf Ihrer Webseite.

Es gibt nur zwei Wege, um Geld zu verdienen. Egal ob im Internet oder offline in einem Ladengeschäft.

1. Entweder Ihr Angebot erfüllt einen Wunsch Ihrer Kunden.
2. Oder Ihr Angebot löst ein Problem für Ihre Kunden.

(Abb. 1: Probleme und Wünsche sind die besten Verkäufer. Quelle: Bild automotive 62827 Autowrack USA 1923, Fotograf unbekannt, pixabay)

Daraus ergeben sich die zwei Schlüsselfragen, die Ihnen den Weg zu einer finanziell erfolgreichen Webseite zeigen werden.
Die Beantwortung dieser zwei Schlüsselfragen wird uns durch den Rest des Buches auf dem Weg zu Ihrer Internet-Goldgrube begleiten.

Die erste Schlüsselfrage wird Ihnen dabei helfen, die passenden Besucher für Ihre Webseite zu finden, die auch ein möglichst hohes Interesse an Ihrem Angebot haben.

Schlüsselfrage #1:
„Wie finde ich genau die Menschen, die das Problem haben, das ich mit meinem Angebot lösen kann?"

Viel zu oft wird an dieser Stelle versucht, möglichst viele Menschen auf die Webseite zu holen und dabei so wenig Geld auszugeben wie nur möglich. Man fällt dann auf irgendwelche Angebote herein, die „Tausende Besucher für Ihre Webseite zum absoluten Sonderpreis" versprechen.

Diese Angebote kommen in allen möglichen Varianten daher:

- Virale Mailer (bei denen man tausende Menschen mit seinem Angebot per Email anschreiben kann)
- Sogenannte „Rev-Share"-Programme, bei denen andere Menschen dafür bezahlt werden, wenn sie sich Werbeanzeigen von Unternehmen ansehen.
- Werbe-Pakete mit „Besucher-Garantie" werden zum Spottpreis angeboten

So verlockend diese Angebote auf den ersten Blick auch erscheinen mögen: Fallen Sie bitte nicht darauf herein. Sie werden dadurch keine zusätzlichen Erfolge auf Ihrer Webseite feiern können. Ganz im Gegenteil. In den meisten Fällen bleibt am Ende der Aktion nur ein einziges Fazit: „Außer Spesen nichts gewesen."

Der Grund dafür liegt schon sehr weit in der Vergangenheit.

Hier wird Ihnen ein kleiner Ausflug in die Geschichte des Online-Marketing behilflich sein. Generell lässt sich das Internet nämlich in zwei Epochen trennen:

- Epoche 1: prä-Google
- Epoche 2: post-Google

(Abb.2: Die Zeit nach Google erfindet das Marketing neu.)

In der Zeit vor Google *(#prägoogle)*
wurde einfach versucht, das „alte" Marketing aus der Offline-Welt aus Zeitungsanzeigen, Briefwerbung und anderen Offline-Kanälen (Flyer, Radio, Fernsehen) etc. zu übernehmen und im Internet fortzusetzen.

Damals waren die Unternehmen im Vorteil, die sich große Zeitungsanzeigen oder sogar Radio- oder TV-Spots leisten konnten. Denn damals ging es einzig und allein darum, möglichst viele Menschen zu erreichen und darauf zu hoffen, dass ein paar dieser erreichten Menschen dann Interesse an einem Angebot hatten.

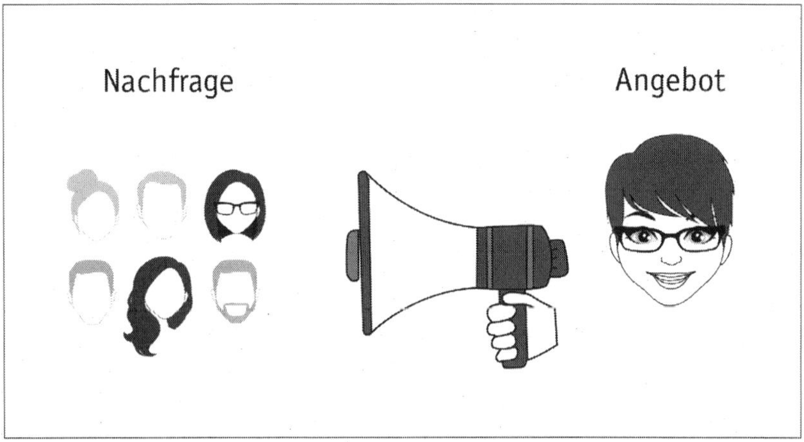

(Abb. 3: Werbung prä-Google: laut, ungezielt und sehr teuer)

Ähnlich einem Marktschreier, der so laut brüllt, wie er nur kann, um sich Gehör zu verschaffen, hat man damals einfach im Internet genauso ungezielt mit seiner Werbung herumgebrüllt, wie noch zu Zeiten der Anzeigenwerbung in Tageszeitungen.

Viel zu viele Webseiten (mit höchster Wahrscheinlichkeit auch Ihre eigene) folgt noch den „Regeln" der Zeit VOR Google und ist für den heutigen Internetgebrauch einfach nicht mehr relevant und wird deshalb auch kein nennenswertes Einkommen für Sie generieren.

Ein großer Mangel der Webseiten dieser Zeit ist der absolute und ausschließliche Fokus auf die Firma und das Produkt und das Angebot, das sie verkaufen möchten.

Aus der „guten alten Zeit" (vor dem Internet) hat man einfach die alten und mittlerweile schlechten Angewohnheiten übernommen und hat versucht, seine Firma möglichst ausführlich darzustellen. Wie ein Firmenprospekt lesen sich diese Webseiten.

Diese Homepages beginnen sehr häufig mit den Worten „Willkommen auf unserer Webseite“ und erzählen dann auf vielen Seiten „über uns“ und „unsere Produkte“.

Alles in allem sind diese Webseiten (zu denen immer noch über 90 % aller momentan aktiven Webseiten gehören) sehr „wir/uns“-bezogen und verlieren kein Wort über die Vorteile für den Interessenten.

Und genau das ist eines der K.O.-Kriterien für eine Webseite in der heutigen Zeit. Genau diese Webseiten sind es, die das Rennen um neue Kunden und ein geregeltes Einkommen über die eigene Homepage verlieren werden (oder schon verloren haben).

Der gnadenlose „Marktschreier Test“ für Ihre Website

Sie können sehr leicht nachprüfen, ob Ihre Website zu dieser „Marktschreier“-Kategorie gehört, die von heutigen Webseiten Besuchern gemieden werden wie die Grippe, wenn Sie folgenden (sehr kurzen und einfachen) Test durchführen.

1. Öffnen Sie Ihre Webseite.
2. Markieren Sie den gesamten Text und kopieren Sie diesen in ein Word-Dokument (oder irgendein Textverarbeitungs-Dokument Ihrer Wahl).
3. Nutzen Sie die Suchfunktion der Textverarbeitung und suchen Sie nach den Worten „wir“ und „unser“.
4. Notieren Sie sich die Anzahl der Worte.
5. Wiederholen Sie das Ganze mit den Worten „Sie“ und „ihr“.

Machen Sie das für möglichst viele Seiten Ihrer Webseite, um einen umfassenden Eindruck zu erhalten.

6. Vergleichen Sie die Häufigkeit von „wir/uns" mit dem Vorkommen der Worte „Ihr" und „Sie".

In den meisten Fällen wird mehrheitlich über „wir" und „uns" gesprochen. Das Verhältnis ist mehrheitlich 80 % „wir/uns" bezogen und nur 20 % beziehen sich im Text auf „Ihr/Sie".

Dieses Verhältnis ist im Idealfall genau umgekehrt und Sie sollte sich zu 80 % mit Ihren Nutzern beschäftigen, deren Problemen, Wünschen und Lösungen („Ihr/Sie" Vorkommen) und nur zu 20 % mit Ihrer eigenen Firma („wir/uns" Vorkommen).

In der Zeit NACH Google *(#postgoogle)*
Seitdem uns Google jede erdenkliche Frage in Sekundenschnelle beantwortet, hat sich das Verhalten der Kunden im Internet vollkommen verändert. Sehr schnell haben sich Menschen daran gewöhnt, dass Sie über Google im Internet auf jede erdenkliche Frage in Sekundenschnelle eine Antwort erhalten.

Sie müssen sich, Google sei Dank, nicht mehr irgendwelche Werbung ansehen, um auf ein passendes Angebot zu hoffen. Nein. Jetzt können die Kunden im Internet gezielt nach einer passenden Lösung für ihr Problem suchen.

Die Zeit des Marktschreiers ist vorbei

Die ungezielte Massenwerbung hat ausgedient. Heute gewinnt das Rennen im Internet die Webseite, die genau die passende Antwort auf die Fragen der Nutzer bereitstellt.

(Abb. 4: Ihre Webseite wird nur noch dann erfolgreich sein, wenn Sie eine konkrete Lösung für ein konkretes Problem erkennen lässt.)

Damit auch Ihre Webseite in Zukunft genau die passenden Antworten liefert, die sich Ihre Interessenten wünschen, werden wir uns im nächsten Schritt mit den notwendigen Schritten dazu befassen.

1. Lernen Sie das Problem Ihrer Nutzer kennen und bringen Sie deren Wünsche in Erfahrung.
2. Präsentieren Sie Ihr Angebot als die passende Lösung für dieses Problem.

Lernen Sie die Fragen und Probleme Ihrer Interessenten so exakt wie möglich kennen

Alles im Internet ist messbar. Das ist einer der größten Vorteile für Sie als Internet-Unternehmer. Sie können Ihre Webseite exakt so anpassen, wie Ihre Interessenten sich das wünschen.

Diese Messbarkeit aller Dinge im Internet machen Sie sich im ersten Schritt dadurch zunutze, dass Sie herausfinden, welche Probleme Ihre Interessenten und zukünftigen Kunden haben. Der Fachbegriff hierfür ist die sogenannte Keyword-Recherche.

98 % aller Suchanfragen im Internet laufen über Google. Jedes Mal wenn irgendjemand eine Suche auf Google beginnt, merkt sich Google den Begriff, der eingegeben wurde. Bei knapp sechs Milliarden Suchanfragen pro Tag entsteht hier eine riesengroße Menge an Begriffen, die Google nach jeder Suche speichert.

Diese gespeicherten Suchbegriffe können von Ihnen als Webseitenbetreiber eingesehen werden. Hierzu gibt es mehrere Möglichkeiten, die Ihnen erlauben herauszufinden, welche Begriffe auf Google am häufigsten gesucht werden.

Falls Sie z. B. ein Hersteller von Wintergärten wären, dann könnten Sie z. B. herausfinden, welche Begriffe auf Google zum Thema „Wintergarten" am häufigsten gesucht werden. *(Siehe Abb. 5.1 und 5.2)*

Begriff	Monatliche...	Top Resultate
wintergarten	40,500	
wintergarten berlin	9,900	
wintergarten kosten	4,400	
wintergarten preise	4,400	

(Abb. 5.1: Auf Google gesuchte Begriffe und deren Häufigkeit)

wintergartenbeschattung	1,900	
wintergarten variete	1,900	
wintergarten gebraucht	1,300	
wintergartenmöbel	1,300	
wintergarten bauen	1,000	
wintergarten baugenehmigung	1,000	

(Abb. 5.2: Auf Google gesuchte Begriffe und deren Häufigkeit)

Bei den gezeigten Suchanfragen erkennen Sie, dass Sie auf Ihrer Webseite nicht nur auf „Kosten" und „Preise" eingehen sollten, sondern auch unbedingt die Themen „Wintergartenbeschattung" und „Baugenehmigung" für Wintergärten besprechen müssen, damit die Sorgen/Wünsche/Probleme Ihrer Interessenten beantwortet werden.

Angenehmer Nebeneffekt:

Gratis Besucher direkt von Google vermittelt

Die Ausrichtung Ihrer Webseite auf Basis der häufigsten Suchanfragen auf Google hat noch einen zweiten (sehr großen) Vorteil:
Google liebt Informationslieferanten (Webseiten), die sich mit genau den Themen beschäftigen, die auf Google am häufigsten gesucht werden.

Google ist Informationsvermittler.
Google sucht den ganzen Tag nach Webseiten, die sich mit diesen Themen beschäftigen, die auf Google gesucht werden. Denn nur wenn Google weiterhin in der Lage ist, diese Fragen – durch die Präsentation dazu passender

Internetseiten – zu beantworten, nur dann werden weiterhin 98 % aller Suchanfragen dort gestellt werden.

Und nur deshalb ist Google so derart mächtig. Google hat das größte (und passendste) Sammelsurium von Webseiten zusammengetragen und präsentiert zu jeder Frage immer genau die Webseiten, die diese Fragen am Besten beantworten können.

Wenn Sie also möchten, dass Google Ihre Webseite in Zukunft zu einem bestimmten Begriff als Suchergebnis listet (und Sie dadurch viele neue Besucher auf Ihre Webseite bekommen möchten), dann ist eine gründliche Keyword-Recherche für Sie doppelt unabdingbar.

Weiterführende Informationen zum Thema Keyword-Recherche und wie diese im Detail durchgeführt wird erhalten Sie unter folgendem Link www.magictools.co/keyword-recherche

Wie-Fragen

Es gibt noch einige weitere Möglichkeiten im Internet, mehr über die Probleme, Wünsche und Fragen Ihrer Interessenten zu erfahren.
Zum Beispiel ein Service, der Ihnen aus der Vielzahl an Suchanfragen von Google genau die Anfragen herausfiltert, die eine „Wer-Wie-Was–Frage„ enthalten.
Zur Zeit des Buchdruckes ist mein Favorit hier die folgende Webseite, mit der Sie sich auf alle Fälle beschäftigen sollten: answerthepublic.com
Somit haben wir jetzt die Antwort auf die erste der zwei Schlüsselfragen:

Schlüsselfrage #1:

„Wo finde ich genau die Menschen, die das Problem haben, das ich mit meinem Angebot lösen kann?"

Antwort:

Je besser Sie über die Fragen, Probleme und Wünsche Ihrer Interessenten Bescheid wissen, desto mehr Aufmerksamkeit werden Sie mit Ihren Werbeaktionen von Ihren Interessenten erhalten. Dementsprechend mehr Menschen werden Ihre

Webseite besuchen, die dann auch bereit sind, Ihr Angebot anzunehmen. Nur so werden Sie den Einkommensstrom über Ihre eigene Webseite in Gang bringen.

Die Beantwortung dieser ersten Schlüsselfrage wird Ihnen dabei helfen, mehr und mehr Interessenten auf Ihre Webseite zu bringen. Im zweiten Schritt muss Ihre Webseite dann in der Lage sein, diese Aufmerksamkeit in Interesse zu wandeln und dieses Interesse dann in eine Aktion (Kauf, Newsletter-Eintrag, Anruf, Kontakt etc.) zu wandeln.

Dies bringt uns direkt zur zweiten Schlüsselfrage, die Sie beantworten müssen, um Ihren Einkommensstrom über die eigene Webseite in Gang zu bringen.

Die zweite Schlüsselfrage auf dem Weg zu Ihrem Einkommensstrom über Ihre Webseite

Die zweite Schlüsselfrage wird Ihnen dabei helfen Ihre Webseite genau so anzupassen, wie Ihre Interessenten sich das wünschen, anstatt „aus dem Bauch heraus" irgendwelche Dinge einfach willkürlich abzuändern.

Schlüsselfrage #2:
„Wie kann ich meine Webseite genau so abändern und verbessern, dass mein Angebot als Lösung für ein bestimmtes Problem erkannt wird?"

Um diese Frage zu beantworten, müssen wir uns ansehen, wie sich denn ein Interessent im Internet informiert, und wo genau Ihre Webseite hier eine Rolle spielt.
Nur wenn Sie wissen, welchen Zweck Ihre Webseite für den Besucher erfüllt, nur dann werden Sie die Erfolge Ihrer Webseite steigern können.

Die Entscheidungskette

Fälschlicherweise geht man als Webseiteninhaber und Unternehmer immer davon aus, dass NUR ein EINMALIGER Besuch Ihrer Webseite ausreicht, bei dem sich für den Interessenten alles entscheidet.
Man meint immer, den Besucher möglichst rasch zum Kauf/Auftrag „prügeln" zu müssen, damit er schnell aktiv wird, bevor er wieder von der Seite verschwindet.

Genau das ist aber der falsche Weg und einer der größten Gründe, warum Ihre Webseite nicht den maximalen Erfolg bringt.

Wenn Sie den Interessenten auf Ihrer Webseite zu irgendetwas drängen, zu dem er noch nicht bereit ist, werden Sie Ihre Besucher scharenweise wieder verlieren.

Anstatt mit dieser „Hau-Drauf"-Methode jedem neuen Besucher so schnell es geht Ihr Angebot/ Produkt/ Dienstleistung um die Ohren zu hauen, sollten Sie damit beginnen, die natürliche und notwendige Entscheidungskette Ihrer Interessenten kennenzulernen.

Denn erfolgreiches Marketing startet dort, wo Sie aufhören zu „verkaufen" und damit beginnen, den Nutzer auf seinem Weg zur Entscheidung zu begleiten.

Merken Sie:
Ihre Interessenten möchten ja bei Ihnen Kunde werden. Ihre Interessenten wollen kaufen und wollen Ihnen Geld überweisen, damit sie in den Genuss Ihres Angebotes kommen.

Sie brauchen ab heute nichts mehr zu verkaufen, sondern müssen sich lediglich darauf konzentrieren, die existierenden Hindernisse auf dem Weg zum Kauf zu entfernen.

A-I-D-(T)-A

Für diese Entscheidungskette, die jeder einzelne Ihrer Interessenten durchläuft, gibt es im Marketing sogar einen Namen. Man spricht hier von der „AIDA".

Die einzelnen Buchstaben stehen für die einzelnen Schritte auf dem Weg zu einer Entscheidung.

- A - Attention (Aufmerksamkeit)
- I - Interest (Interesse)
- D - Desire (Wunsch/Bereitschaft)
- (T) - Trust (Vertrauen)
- A - Action (Handlung)

A für Attention (Aufmerksamkeit)

Klar. Erst einmal muss der Interessent auf Sie und Ihre Webseite aufmerksam werden. Dies erfolgt über Ihre Aktionen z. B. in den Social-Media (Facebook, Twitter etc.) oder bezahlter Anzeigenwerbung z. B. auf Google (Adwords), Facebook oder Bannerwerbung auf anderen Webseiten.

I für Interest (Interesse)

Und hier sind wir schon mittendrin im Marketing. Denn nur wenn Sie es innerhalb der ersten Sekunden schaffen, auf Ihrer Webseite die Aufmerksamkeit des Besuchers zu halten und Interesse zu wecken, nur dann wird sich aus Ihrer Webseite ein Einkommensstrom generieren lassen.

D für Desire (Wunsch/Bereitschaft)

Nachdem das Interesse des Interessenten geweckt wurde, müssen Sie es schaffen, ihn im Moment der größtmöglichen Bereitschaft zur Handlung (Kauf, Newsletter-Eintrag, Anruf etc.) zu bewegen. Nachdem Sie es geschafft haben, die Vorteile

Ihres Angebotes klar zu machen, wird sich im Interessenten der Wunsch nach Handlung entwickeln.

(T) für Trust (Vertrauen)

Dieser Punkt wurde von mir in die AID(T)A eingefügt, weil es die wichtigste Voraussetzung für den wirtschaftlichen Erfolg im Internet ist. Ohne Vertrauen keine Handlung. Wie Sie dieses Vertrauen schrittweise aufbauen, erfahren Sie im Rest des Buches.

A für Action (Handlung/Kauf/Newsletter-Eintrag/Anfrage)

Jetzt erst ist es soweit. Der Interessent ist zur Handlung bereit.
Dieser Ablauf erfolgt auf manchen Webseiten bzw. für manche Produkte und Angebote innerhalb von wenigen Sekunden. Bei anderen Webseiten lassen sich die Interessenten mehrere Tage oder Wochen Zeit, um diesen Ablauf zu durchlaufen.

Abhängig vom Preis Ihres Angebotes und dem vorausgesetzten Vertrauen kann es also mehrere Wochen dauern. Während dieser Zeit muss der Interessent immer wieder an Ihre Webseite erinnert werden, damit er dann – wenn er zur Handlung bereit ist – bei Ihnen aktiv wird, Kontakt aufnimmt oder kauft und nicht bei der Konkurrenz.

Der Interessent wird sich immer für die Webseite entscheiden, die ihn im Ablauf der AIDA am treuesten und vertrauensvollsten begleitet hat, ohne ständig zu versuchen, irgendetwas zu verkaufen.

Der Verkauf ergibt sich wie von selbst, wenn Sie endlich damit aufhören würden, auf Teufel komm raus etwas zu verkaufen und stattdessen damit beginnen, Ihrem Interessenten seine Fragen zu beantworten, seine Sorgen und seine natürlichen Widerstände gegen den Kauf aus dem Weg zu räumen.

Sie würden doch auch einer neuen Bekanntschaft nicht sofort einen Heiratsantrag machen, sondern erst über mehrere Wochen das Kennenlernen und das Vertrauen fördern, bevor Sie sich überhaupt das erste Mal zum Abendessen verabreden.
Genauso ist das mit Ihrem Angebot im Internet.
Das Ganze braucht Zeit.

Vor allem der Punkt „Vertrauen" spielt im Internet eine immer größere Rolle.
In den Anfängen des Internets konnte man vertrauenswürdige Webseiten noch etwas schneller erkennen als heute. Damals waren hohe Investitionen notwendig, um eine halbwegs passable Webseite zu erstellen. Je „sauberer" und „schöner" die Webseite also war, desto vertrauenswürdiger konnte man sie einstufen.

Heute kann man schon für wenige Euros eine Webseite erstellen, die sich im Aussehen und der Funktion in keinster Weise von der Webseite eines Millionenkonzerns unterscheidet.

Auch die Schaltung von hochprofessioneller Werbung ist mittlerweile mit Hilfe einer passenden Video-Anleitung von wenigen Stunden auch dem Laien möglich. Auch hier lässt sich also die Spreu vom Weizen kaum mehr unterscheiden.

Daher haben die Internetnutzer ein gesundes Stück Misstrauen entwickelt. Einige (vielleicht auch Sie selbst) wurden schon das eine oder andere Mal von einer Erfahrung mit einer Webseite oder einem Produkt enttäuscht.

Gerade deshalb ist es wichtig, dass Sie sich immer daran erinnern, dass die alte „Hau-Drauf"-Methode ausgedient hat. Im Laufe dieses Buches werden Sie lernen, die einzelnen Schritte der AID(T)A so zu begleiten, dass die Bereitschaft zur Aktion auf Ihrer Webseite ganz automatisch ansteigen wird.

Ihr erster Schritt zu ... (einfach mehr von allem)

Der Interessent ist also beim ersten Besuch nicht sofort bereit, Ihnen einen Auftrag zu erteilen oder zu kaufen.
Dies wird aus Sicht der Webseitenbetreiber oft falsch verstanden.
Die „Informationsreise" (wie wir sie in unserer Agentur nennen) beginnt meist mit sehr allgemeinen Fragen zu einem sehr spezifischen Problem Ihrer Interessenten. Diese Fragen und das Problem, das Ihr Nutzer verspürt, müssen Sie unbedingt auf Ihrer Webseite aufgreifen und dem Interessenten Antworten dazu liefern.

Je öfter Sie diese Begriffe auf Ihrer Webseite erwähnen und im Detail darauf eingehen, desto besser wird der Nutzer sich auf Ihrer Webseite verstanden fühlen und desto schneller wird er Ihnen sein Vertrauen schenken.

Nur wenn der Nutzer sich auf Ihrer Webseite besser verstanden fühlt und seine Fragen beantwortet bekommt als bei Ihrer Konkurrenz, nur dann wird er Sie in die engere Wahl ziehen.

- Bauen Sie Ihre Webseite Stück für Stück nach den Vorlieben, Problemen und Wünschen Ihrer Interessenten auf.
- Beantworten Sie die Fragen Ihrer Interessenten und gehen auf deren Bedenken und Probleme ein.
- Dies gibt Ihnen einen entscheidenden Vorteil gegenüber Ihren Mitbewerbern, die immer noch – wie in der Zeit vor Google (*#prägoogle, siehe Abb. 2*) – mit keinem Wort auf die Probleme/Bedenken der Nutzer eingehen.

Aufmerksamkeit: Die einzige Währung im Internet

„Ihre Webseite ist nur eine Ablenkung für den Besucher – sonst nichts"

Um den maximalen Erfolg mit Ihrer Webseite zu erleben, müssen Sie sich in die Perspektive Ihrer Besucher versetzen und die Umstände mit bedenken, unter denen Ihre Homepage besucht wird.

Egal wie ein neuer Besucher auf Ihre Webseite aufmerksam wird, egal ob über Facebook, über Google, über YouTube oder irgend eine Bannerwerbung im Internet – im ersten Moment ist Ihre Webseite eine Ablenkung.

Vergegenwärtigen Sie sich immer und immer wieder, unter welchen Umständen der Nutzer Ihre Webseite betritt. Die erste Wahrheit: Eigentlich war der Besucher gerade mit etwas anderem beschäftigt:

- Er hat gerade ein Video auf YouTube angesehen.
- Er hat gerade seinen Newsfeed in Facebook durchforstet, um auf dem Laufenden zu bleiben.
- Er hat gerade auf einer anderen Webseite einen Blogbeitrag gelesen, hat dort Ihren Banner gesehen und darauf geklickt.

In jeder dieser Situationen sind Sie und Ihre Webseite nicht der Fokus in der Aufmerksamkeit des Besuchers. Ihre Webseite wird im ersten Schritt nur flüchtig angeklickt, um sich einen ersten Eindruck zu verschaffen.

In jeder Situation ist der neue Besucher nur mit 50 % seiner Aufmerksamkeit bei Ihnen. Die anderen 50 % hängen noch auf der Webseite, über die er gerade zu Ihnen gefunden hat. Im ersten Moment hat er also bei weitem mehr Interesse daran, den „Zurück"-Button zu klicken, um sich wieder mit seiner ursprünglichen Webseite zu beschäftigen, über die er gerade gekommen war.

Der „Zurück"-Button ist in jedem Moment Ihr größter Feind.

Reizüberflutung und ein Überangebot an ähnlichen Angeboten haben den Internetnutzer dazu gebracht, dass er im ersten Moment erst einmal versuchen wird,

Ihre Webseite abzulehnen und schnellstmöglich wieder zu verlassen, um sich weiter im Internet zu tummeln.

„Warum hat er dann überhaupt den Klick auf meine Webseite gemacht, wenn er kein Interesse hat?“

Eine berechtigte Frage. Der Grund ist einfach. Sie haben über die Beantwortung der ersten Schlüsselfrage im vorherigen Kapitel anscheinend bereits gute Arbeit geleistet. Denn der Besucher hat sich von Ihrer Anzeige, Ihrem Video oder Ihrem Facebook-Post angesprochen gefühlt.

Ein Klick auf Ihre Anzeige, Ihre Banner oder Ihren Facebook-Post geschieht aber noch lange nicht bewusst und überlegt, sondern in den meisten Fällen aus einem (fast schon unterbewussten) Impuls heraus.

Praxis-Tipp:

Beobachten Sie sich doch einmal selbst, wenn Sie sich durchs Internet klicken, wie oft Sie einfach aus einem Impuls heraus handeln, anstatt überlegt auf einen Link zu klicken.

Dieser erste Klick auf Ihre Webseite bedeutet also noch lange keine Bekundung von „Interesse“ und Sie haben längst noch nicht die Aufmerksamkeit des Nutzers gewonnen.

Sie müssen sich also immer wieder daran erinnern, dass Ihre Webseite im Auge des Nutzers eine Ablenkung bedeutet und er eigentlich wieder wegklicken möchte.

(Abb. 6: Ihre Besucher sind beim ersten Besuch alles andere als aufmerksam.)

Die Aufmerksamkeits-Schwelle

Alles in allem haben Sie maximal drei Sekunden Zeit, um einen neuen Besucher davon zu überzeugen, dass Ihre Webseite es wert ist, weiter da zu bleiben, anstatt wieder wegzuklicken.

Unterbewusst hat der Besucher sich bereits nach drei Sekunden entschieden, ob er jemals auf Ihrer Webseite aktiv werden wird oder nicht.

Zählen Sie mal bis drei. Das ist eine extrem kurze Zeit. In dieser Zeit kann der Nutzer sich noch überhaupt nicht im Detail mit Ihrer Webseite beschäftigen.

Daher ist es extrem wichtig, dass Sie die erste Frage bereits in der Überschrift beantwortet haben, bevor Sie sich mit der „Optimierung" Ihrer Webseite beschäftigen.

Drei Sekunden haben Sie Zeit um einen Interessenten davon abzuhalten, Ihre Webseite wieder zu verlassen. In dieser Zeit hat der Besucher gerade einmal die Überschrift gelesen, vielleicht ein oder zwei Bilder überflogen und im besten Fall gerade mal erkannt, welche Handlungen Sie von ihm erwarten (Kauf, Email-Eintrag, Anruf ...).

Einzig und allein die Überschrift entscheidet meistens darüber, ob der Nutzer weiter bei Ihnen auf der Seite bleibt oder Ihre Seite sofort wieder verlässt.

Erkennen Sie jetzt, warum eine Webseite, die mit den Worten „Willkommen auf unserer Webseite“ beginnt, in der heutigen Zeit keinerlei Chance mehr hat, im Wettbewerb zu bestehen?

„Vorteile“ und „Nutzen“ sind das Einzige was den Besucher interessiert

Im ersten Schritt müssen Sie sich die Aufmerksamkeit des Besuchers erst einmal verdienen. Dazu ist es extrem wichtig, dass ein neuer Besucher sofort erkennt, was die Vorteile und der Nutzen für ihn sind, länger als drei Sekunden auf Ihrer Webseite zu bleiben.

Ihre Überschrift, die Unterüberschrift und auch die Handlungsaufforderung auf ihrer Seite müssen sofort klar machen, welches Problem ihre Webseite für den Besucher lösen kann.

Innerhalb von wenigen Sekunden muss dem Besucher sofort klar sein, dass Sie sein Problem kennen, es verstanden haben und die Lösung für genau dieses Problem auf Ihrer Webseite beschrieben wird.

Hören Sie also schnellstmöglich damit auf, Ihre Qualifikationen, Ihre Person, Ihre Mitarbeiter, Ihre Firma oder auch Ihr Produkt in den Mittelpunkt Ihrer Webseite zu stellen. Das interessiert niemanden.

Sie werden nur dann den Einstieg in die AIDTA schaffen und die Aufmerksamkeit (das erste „A“ in AIDTA) der Interessenten erhalten, wenn Sie damit beginnen, die VORTEILE Ihres Angebots und die LÖSUNG, die sich Ihr Interessent wünscht, auf Ihrer Webseite in den Vordergrund stellen.

Somit haben wir jetzt die Antwort auf die zweite der zwei Schlüsselfragen:
Schlüsselfrage #2:
„Wie kann ich meine Webseite genau so abändern und verbessern, dass mein Angebot als Lösung für ein spezifisches Problem erkannt wird?“

Antwort:
Je exakter Sie Ihre Webseite an den Problemen und Wünschen Ihrer Nutzer orientieren und Texte/Bilder verwenden, die hierauf eine Antwort bieten, desto mehr kaufbereite Besucher werden sie finden.

KOMMENTAR RALF SCHMITZ

„Wow ist das eine Wandlung. Die hohe Kunst des Internet Marketings ist es, den potentiellen Kunden zu erreichen, sich seine Aufmerksamkeit zu sichern.

Nur wenn wir diese haben, können wir auch etwas verkaufen. Zugegeben, vor 5-6 Jahren war das noch etwas einfacher. Seit dieser Zeit ist die „Infomationsfülle“ stetig stark angestiegen.
Mehr Konkurrenz und damit auch mehr Ablenkung von unseren eigenen Angeboten ist allgegenwertig. Auch wenn das eine gewisse negative Entwicklung ist, sehe ich es trotzdem positiv.
Denn Unternehmer sollten sich immer verbessern. Stillstand, oder immer so weiter, wäre ein Rückschritt. Das heißt ein guter Unternehmer ändert sein Marketing und gibt dem potentiellen Kunden nun direkt „Was ist drin für mich“ weiter.

Der erste Schritt dazu ist z.B. seine Email Betreffzeilen so zu optimieren, das der Mehrwert für den Leser sofort zu erkennen ist.

Es hilft hier kein jammern, sondern besser werden und sich der Situation anpassen.

Noch besser wäre es, immer einen Schritt voraus sein. Unternehmer sollten positiv sein und Lösungen finden, statt zu jammern. „

[BONUS #1 im Buch: Sie finden Sie am Ende des Buches noch einen ausführlichen Workshop zum Aufbau Ihrer Webseite im Detail. Diesen können Sie dazu nutzen, Ihre Webseite zu überprüfen und nach den anerkannten Standards der Webseiten-Optimierung (nach aktuellsten verkaufspsychologischen Erkenntnissen) zu verbessern.]

Zusammenfassung bisher

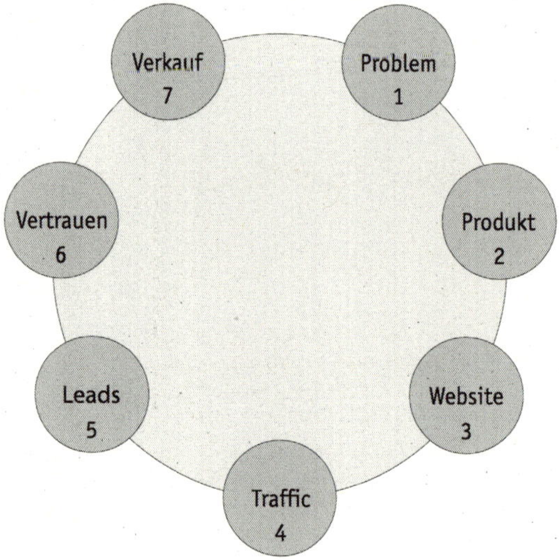

(Abb. 7: Die sieben Bestandteile einer erfolgreichen Webseite)

1. Das Problem Ihrer Interessenten kennenlernen.
2. Ihr Produkt muss als Lösung für dieses Problem dargestellt werden.
3. Ihre Webseite bringt Problem und Lösung (Ihr Angebot) zusammen und muss sich auf die Vorteile und den Nutzen Ihres Angebotes für den Interessenten konzentrieren.
4. Sie holen sich genau die Menschen auf Ihre Webseite, die das Problem haben, das Sie mit Ihrem Angebot lösen können.
5. „Leads" sind Kontakte, die sich Ihnen zu erkennen geben z. B. durch den Eintrag in Ihren Email-Newsletter oder den Download einer Broschüre.
6. Ohne Vertrauen kein Geschäft. Vor allem im Internet wird dieser Aspekt von den meisten Webseiten komplett vernachlässigt. Gut für Sie – denn Sie lesen dieses Buch und werden lernen, wie Sie genau diese Geheimwaffe „Vertrauen" für sich einsetzen können.
7. Dann kommt es endlich dazu, dass der Interessent seine Kreditkarte zückt oder Ihnen einen Auftrag für Ihre Dienstleistung gibt.

Den Wald vor lauter Bäumen ...

Das sind die sieben Teile des Erfolgsplans, der ein vollwertiges Monatseinkommen für Sie und Ihre Familie entstehen lässt.

Da ist es kein Wunder, dass man – vor allem am Anfang – schnell einmal den Wald vor lauter Bäumen nicht mehr erkennt. Daher möchte ich Ihnen kurz noch einen Tipp zur Priorisierung Ihrer Aufgaben mit auf den Weg geben. Gleich anschließend werden wir uns dann im Detail damit befassen, wie Sie damit beginnen, Ihre Webseite bewusst und aktiv in Richtung Erfolg zu lenken.

Konzentrieren Sie sich auf die zwei einzigen Dinge, die Sie tatsächlich kontrollieren können: Ihr Angebot und Ihre Webseite. Nur diese beiden Bestandteile lassen sich direkt verändern. Durch diese gezielte Veränderung Ihres Angebots und Ihrer Webseite beeinflussen Sie automatisch die restlichen Bestandteile.

Wenn Sie also momentan noch zu wenige Verkäufe, zu wenig Anfragen und zu wenig Umsatz über Ihre Webseite erhalten, dann liegt das einzig und allein an zwei Dingen: Der angebotenen Leistung sowie der unklaren Beschreibung der Vorteile dieser Leistung für Ihren Interessenten.

Wenn die angebotene Leistung im Detail mit den Wünschen des Interessenten übereinstimmt und dies auf der Webseite glasklar formuliert wird, dann steigt die Erfolgsquote auf Ihrer Webseite automatisch exponentiell (!!) an.

Konzentrieren Sie sich also einzig und allein darauf, Ihre Leistung immer genauer an die Wünsche Ihrer Besucher anzupassen und dies so klar wie möglich auf Ihrer Webseite zu kommunizieren.

Ich werde Ihnen weiter hinten im Buch mehrere Möglichkeiten vorstellen, wie Sie Ihre Webseite dazu nutzen können, um die Wünsche Ihrer Besucher exakt kennenzulernen. Anschließend wissen Sie dann genau, an welchen Stellen Sie

Ihre Webseite anpassen müssen, um jeden einzelnen Besucher auf Ihrer Webseite von Ihrem Angebot zu überzeugen.

Tipp: Scheuen Sie sich nicht vor Wiederholungen der Vorteile auf Ihrer Webseite. Manchmal sind Wiederholungen einfach notwendig, um den Punkt wirklich klar genug rüberzubringen. Übertreiben Sie es aber nicht. Am besten Sie bereiten sich eine Liste vor, auf der Sie Ihre Haupt-Verkaufsargumente aufschreiben und anschließend auf verschiedene Weise ausdrücken. Niemand mag blanke Wiederholungen. Daher formulieren Sie jeden Satz einfach 2–3 Mal um.

Das ist doch schon viel besser. Aus den sieben Einzelteilen sind jetzt nur noch zwei, um die Sie sich kümmern müssen. Das macht die Sache doch viel einfacher.

Das Lenkrad auf dem Weg zum Erfolg

Sie haben soeben das Lenkrad auf dem Weg zu einer erfolgreichen Webseite kennengelernt. Mit den zwei gerade besprochenen Stellschrauben (Angebot und Webseite) lenken Sie Ihr komplettes Online-Geschäft.

Ihre einzigen zwei Dinge, die Sie direkt verändern können. Die anderen fünf Teile lassen sich nur indirekt dadurch kontrollieren, dass Sie Ihr Angebot und Ihre Webseite anpassen.

Immer wieder sehe ich Webseitenbetreiber, die meinen, sie müssten den Nutzer zu irgendwas zwingen oder überreden. Entweder durch möglichst niedrige Preise (was auf Dauer keinen Spaß macht und das langfristige Überleben Ihres Unternehmens gefährdet) oder durch überzogenes Marketing – was wiederum Ihren Ruf schaden kann.

„Wenn Sie es schaffen Ihr Angebot und Ihre Webseite so zu verbessern, dass Sie Ihren Besuchern aus der Seele sprechen, genau wissen, was deren Problem ist und die passende Lösung dafür bieten, dann werden die Webseitenbesucher alles nur erdenkliche unternehmen, um Ihre Kunden werden zu dürfen."

Konzentrieren Sie sich daher besser auf die zwei Dinge, die wirklich Ihrer direkten Kontrolle unterliegen. Denn wenn Sie diese zwei Dinge regelmäßig und dauerhaft verbessern, dann werden sich automatisch mehr Vertrauen und mehr Verkäufe dadurch ergeben.

Sie können das Vertrauen Ihrer Webseitenbesucher nicht erzwingen. Genauso wenig können Sie zusätzliche Verkäufe erzwingen. Das Vertrauen und die zusätzlichen Verkäufe ergeben sich aber ganz von selbst, wenn Sie sich auf Ihr Produkt, Ihr Angebot und Ihre Webseite konzentrieren.

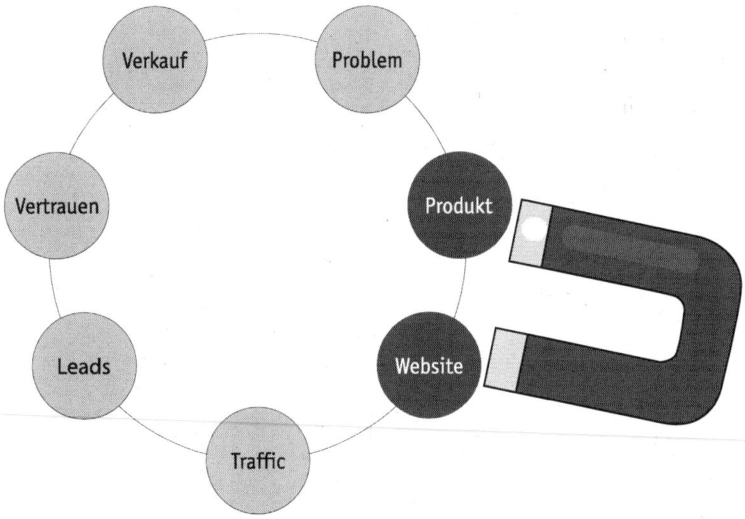

(Abb. 8: Beginnen Sie damit, Ihr Produkt und Ihre Webseite zu magnetisieren.)

Die Magnetisierung Ihrer Webseite und Ihres Produktes

Die Grundlagen einer einkommensstarken Webseite kennen Sie jetzt bereits. In der zweiten Hälfte des Buches werde ich Ihnen nun die einzelnen Schritte im Detail erklären, die Sie gehen müssen.

Egal in welchem Zustand Ihre Webseite sich jetzt gerade befindet. Egal wie viele Besucher Sie momentan auf Ihrer Webseite haben und ganz egal wie lange Sie schon an Ihrer Webseite „herum-doktern" – mit der Schritt-für-Schritt-Anleitung im Rest des Buches werden Sie – auch als absoluter Anfänger – in der Lage sein, Ihre Situation deutlich zu verbessern.

Ich möchte Sie an dieser Stelle auch auf das Begleit-Training zu diesem Buch hinweisen. Zu finden im Anhangdes Buches. Dort zeige ich Ihnen in mehreren Videos, wie Sie die einzelnen Schritte ganz einfach nachklicken müssen um sich auf den Weg zur „Magnetisierung" Ihrer Webseite zu machen.

Wenn Ihre Webseite und Ihr Angebot einmal entsprechend angepasst sind, dann ziehen Sie – wie mit einem Magneten – das Vertrauen und zusätzliche Einnahmen förmlich an.

Sie können ab sofort aufhören, sich Gedanken und Sorgen über zusätzliche Einnahmen zu machen. Konzentrieren Sie sich einfach zu 100 % auf die notwendigen Schritte zur Magnetisierung Ihrer Webseite. Die Einnahmen werden sich ganz von selbst als logische Folge der Magnetisierung Ihrer Webseite ergeben.

Fazit:
Konzentrieren Sie sich auf die Dinge, die Sie ändern können und die Ihrem Einfluss unterliegen (Ihre Webseite, Ihr Angebot) und ignorieren Sie alles, das was Sie sich so sehr wünschen, was aber nicht Ihrem Einfluss unterliegt (Leads, Vertrauen, Verkauf).

Diese Dinge ergeben sich dann als logisches Ergebnis ganz plötzlich und ganz von selbst, solange Sie sich darauf konzentrieren, Ihr Angebot und Ihre Webseite an die Probleme, Wünsche und Interessen Ihrer Webseitenbesucher anzupassen.

Eigene Notizen:

TEIL 3: PRAXIS:
Den Geldfluss lenken

1. Das Problem erkennen: Keyword-Recherche

Im ersten Schritt werden Sie die Probleme und Wünsche Ihrer Interessenten so genau wie möglich kennenlernen.

Dazu werden Sie recherchieren, wie viele Menschen jeden Monat nach einem bestimmten Begriff zu Ihrem Thema suchen. Google stellt Ihnen diese Informationen bereitwillig zur Verfügung.

Die Information ist aber nicht ganz gratis. Entweder Sie müssen eine bezahlte Anzeige in den Suchergebnissen von Google buchen oder Sie nutzen ein speziell für diese Art der Recherche gemachtes Werkzeug. Der gängigere Begriff im Online-Marketing-Jargon für Werkzeug ist „Tool". Man spricht daher auch gerne von einem „Keyword-Tool".

Dieses Keyword-Tool werden Sie von jetzt an regelmäßig nutzen. Denn nur über diese Keyword-Recherche erfahren Sie die Dinge, die Ihre Webseite letzten Endes erfolgreich werden lassen.

Die Keyword-Recherche ist der direkteste und einfachste Weg um herauszufinden, wo Ihren Interessenten der Schuh drückt, welche Wünsche und Probleme diese haben.

Die Kenntnis über die Wünsche, Fragen und Probleme Ihrer Interessenten ist für Ihren Webseiten-Erfolg Gold wert. Mein Tipp daher: Sparen Sie lieber irgendwo anders und gönnen Sie sich hier die Hilfe eines professionellen Keyword-Recherche-Tools.

Abkürzung: Meinen persönlichen Favoriten stelle ich Ihnen im Detail (inkl. detaillierter Video-Anleitungen und den herausragenden Vorteilen) hier vor: www.magictools.co/keyword-recherche

Dieses Tool gibt Ihnen eine Liste aller Suchanfragen zu Ihrem speziellen Thema. Früher hätte man so etwas noch „Markt-Recherche" genannt und hätte viele tausend Euro dafür ausgegeben, für welche Themen Ihre zukünftigen Kunden (Ihre „Zielgruppe") denn das meiste Interesse zeigen. Heute erhalten Sie also mit einem Budget ab 29 Euro (für den Betrag, den Sie bezahlen müssen, um das Werkzeug-Tool/Keyword-Tool zu nutzen) den gleichen Informationsstand, den sich früher nur ein Weltunternehmen mit Millionenbudget leisten konnte.

[ANMERKUNG: Damit wir uns hier auch wirklich richtig verstehen. Sie nutzen hier die Anzahl der tatsächlichen Suchanfragen für einen bestimmten Begriff jeden Monat auf Google.de. Google stellt Ihnen diese Informationen zur Verfügung, egal ob Sie bei Google Werbung schalten oder nicht. Diese ganze Keyword-Recherche hat also nichts damit zu tun, ob Sie später evtl. noch Werbung bei Google schalten möchten.]

Ich wiederhole hier gerne noch einmal den Screenshot aus einem vorherigen Kapitel (siehe Abb. 5.1 und 5.2). Dieser veranschaulicht die Situation sehr gut und bietet einen schönen Einstieg – auch in die notwendigen Schritte, die nach der Keyword-Recherche folgen.

Sehen Sie sich erst einmal nur die Begriffe selbst an. Ignorieren Sie vorerst alles andere. Stellen Sie sich vor, Sie sind Hersteller von Wintergärten und bedienen einen 50-km-Umkreis von Berlin

- Was fällt Ihnen auf?
- Lassen sich diese Suchbegriffe evtl. in Gruppen einteilen?

- Erkennen Sie Suchbegriffe, die evtl. gar nichts mit Ihrem Angebot zu tun haben?
- Welche Fragen scheinen Ihre Interessenten zu haben, die Sie auf Ihrer Webseite beantworten müssen?

Begriff	Monatliche...	Top Resultate
wintergarten	40,500	
wintergarten berlin	9,900	
wintergarten kosten	4,400	
wintergarten preise	4,400	
wintergarten bausatz	2,400	
wintergarten selber bauen	1,900	
wintergartenbeschattung	1,900	
wintergarten variete	1,900	
wintergarten gebraucht	1,300	
wintergartenmöbel	1,300	
wintergarten bauen	1,000	
wintergarten baugenehmigung	1,000	
wintergarten anbau	880	
kosten wintergarten	880	

(Abb9: Keyword Recherche)

Im Folgenden sehen Sie ein Beispiel einer Anwendung dieser Keywords, wie ich Sie interpretieren würde. Nutzen Sie dies als Anregung für Ihre eigene Keyword-Recherche. Die Suchanfragen zu Ihrem eigenen Thema werden sich wieder ganz anders darstellen. Dies sollte Ihnen aber eine erste Richtung geben, um zu erkennen, was man jetzt mit dieser Liste an Suchbegriffen anstellen muss, um den größtmöglichen Mehrwert für Ihre Webseite zu erhalten.

(Abb 10: Keyword Recherche)

Keine Sorge. Das sieht jetzt sehr verwirrend aus. Wir gehen die einzelnen Abschnitte jetzt Schritt für Schritt gemeinsam durch. Dann wird das alles sehr viel klarer für Sie.

Überblick verschaffen

Im ersten Schritt versuchen Sie sich einen Überblick über Ihre eigene Keyword-Liste zu verschaffen, indem Sie Ihre Liste in vier Gruppen unterteilen:

1. Suchbegriffe, die Sie auf alle Fälle in Ihrer Werbung und auf Ihrer Webseite behandeln müssen.
2. Suchbegriffe, die absolut gar nichts mit Ihrem Thema zu tun haben.
3. Suchbegriffe, die Ihnen die Möglichkeit bieten, einen kleinen Rat geber in Form eines PDF zu erstellen (sogenannter „Leadmagnet“ dazu später aber noch mehr).

Die einzelnen Schritte im Detail

Zu Suchbegriff Typ 1: „Auf alle Fälle"

Dies sind Ihre wichtigsten Suchbegriffe. Sie möchten, dass möglichst viele Menschen auf Ihre Webseite kommen, die sich für diese Begriffe interessieren.

Zu diesen Begriffen sollten Sie eine eigene Seite auf Ihrer Webseite bereitstellen und hochwertigste und möglichst vielfältige Informationen zu diesen Themen zur Verfügung stellen.

In dem von mir markierten Beispiel oben wären dies z. B. die Suchbegriffe der Themengebiete „Kosten/Preis" und „Wintergarten Baugenehmigung"

Zu Suchbegriff Typ 2: „Nie und gar nicht"

Diese Suchbegriffe werden später für Sie sehr wichtig werden, wenn Sie damit beginnen, bezahlte Werbung zu schalten. Diese Suchbegriffe nennt man auch bewusst: „Negative Suchbegriffe". Denn Sie möchten möglichst keinen einzigen Besucher auf Ihrer Webseite haben, der Interesse an diesen Begriffen hat.

In dem von mir markierten Beispiel oben wären dies z. B. die Suchbegriffe: „Wintergarten Variete", „Wintergartenmöbel" und „Wintergarten gebraucht".

Denn als Hersteller für Wintergärten verkaufen Sie keine Möbel (derjenige der nach Möbeln sucht, hat höchstwahrscheinlich schon einen Wintergarten und fällt für Sie als möglicher Kunde weg).

Sie sind auch nicht der Betreiber des „Variete"-Theaters mit dem Namen „Wintergarten". Also müssen Sie sicherstellen, dass hier keine Missverständnisse passieren und Sie plötzlich die Webseite voll haben mit Besuchern die eigentlich ein Theater besuchen möchten und garantiert keinen Wintergarten in Auftrag geben werden.

Zu Suchbegriff Typ 3: „Leadmagneten"

Sie erinnern sich an die sieben Bestandteile eines profitablen Online-Projektes?

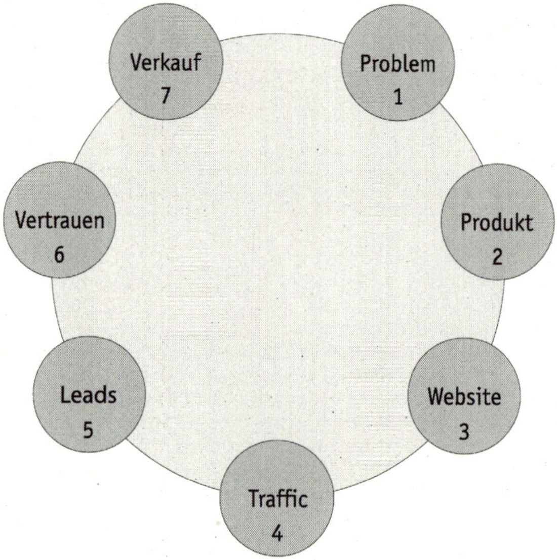

Abb11: Bestandteile Online Projekt

Voraussetzung für die Handlung eines Besuchers auf Ihrer Webseite ist das Vertrauen in Ihr Angebot. Der Interessent möchte sich sicher sein, dass Sie mit Ihrem Angebot auch tatsächlich die Lösung für das Problem des Interessenten bietet. Der schnellste Weg, Ihre Besucher dazu zu bringen, Ihnen und Ihrem Angebot zu vertrauen, ist Phase #5 im Diagramm: „Leads".

Der Besucher ist vielleicht noch nicht direkt bereit, beim ersten Besuch auf Ihrer Webseite bei Ihnen zu kaufen oder ein Angebot anzufragen. Die meisten Besu-

cher sind aber z. B. bereit, eine kleine Info-Broschüre (im PDF Format – einfach zu erstellen – mehr dazu später) von Ihrer Webseite herunterzuladen.
Diese Bereitschaft zu einem recht unverbindlichen Download sollten Sie nutzen. Denn wenn ein Besucher einmal etwas von Ihrer Webseite heruntergeladen hat, dann hat er sich als „Lead" (Interessent/möglicher Kunde) bei Ihnen qualifiziert.

Zudem können Sie in dem Dokument, das der Nutzer heruntergeladen hat, damit beginnen, das Vertrauen des Interessenten in Ihr Angebot aufbauen.
Die Themen und der Titel dieses Dokuments sollten keinesfalls einfach Ihrem Bauchgefühl entspringen. Der einzige Weg, den Besucher zum Interessenten zu wandeln, der dann auch bereit ist, den Download zu starten, ist der, dass Sie in der Keyword-Recherche exakt herausfinden, welches Thema den Nutzer am meisten interessiert.

In dem von mir kommentierten Screenshot zur Keyword-Recherche sehen Sie z. B. das Thema „Baugenehmigung Wintergarten". Dies ist für jeden zukünftigen Kunden Ihres Wintergarten-Unternehmens eine extrem wichtige Frage. Erstellen Sie ein 10-seitiges Word-Dokument und beschreiben Sie z. B. „Die 10 größten Fehler, die Sie bei der Baugenehmigung für Ihren Wintergarten unbedingt vermeiden müssen." Dies wäre dann auch schon ein griffiger Titel für Ihr Download-Dokument das von jedem Besucher mit großem Interesse heruntergeladen wird.

Dies ist mit eine der wichtigsten Funktionen Ihrer Keyword-Recherche. Nehmen Sie sich also die Zeit und suchen Sie nach mehreren solcher Themen, die Sie dann nicht nur auf Ihrer Webseite direkt beantworten, sondern auch als PDF Dokument als „Leadmagnet" zum Download zur Verfügung stellen können.

„Weshalb aber extra ein separates Dokument zum Herunterladen erstellen, wenn ich doch alles auf der Webseite selbst beantworten könnte?"
Die Antwort ist einfach: Aus einem Besucher wird erst dann ein „Lead", wenn Ihnen der Besucher die Erlaubnis gibt, ihn dauerhaft zu kontaktieren. Denn nur dann wenn Sie diese Kontaktmöglichkeit haben, nur dann können Sie auch langfristig über regelmäßige Kommunikation mit dem Interessenten das Vertrauen aufbauen.

Der einfachste Weg ist hier, dass Sie die Email-Adresse des Besuchers zu verlangen und das Dokument dann ganz einfach per Email an den Interessenten zu verschicken.
Somit haben Sie dann die Email-Adresse des Nutzers und können ihn über die nächsten Wochen mit hochwertigsten Informationen zum Thema versorgen und in dieser Zeit 1. „Im Gespräch" bleiben und 2. das notwendige Vertrauen aufbauen, das erforderlich ist, um den Interessenten anschließend in einen Kunden zu wandeln.

Das Thema „Email-Marketing" und „Lead-Akquise" an sich könnte schon einen ganzen Band von Büchern füllen.
Daher verweise ich Sie an dieser Stelle an das meiner Meinung nach beste Webinar zu diesem Thema: Link: www.magictools.co/email-marketing

KOMMENTAR RALF SCHMITZ

„Ein Leadmagnet sollte immer der erste Schritt in der Praxis sein. Gesetz Nr. 1 im Online Marketing ist der Aufbau einer starken Emailliste. Genau um dieses Vorhaben auch richtig und erfolgreich umsetzen zu können, benötigen Sie auf jeden Fall einen Leadmagneten. Oftmals wird aber hier zu kompliziert gedacht. Als Leadmagnet reicht z.B. eine Checkliste oder eine 8-10 Seiten Problemlösung als PDF vollkommen aus. Der Umfang sollte niemals mehr als 20 Seiten betragen da dies sofort die Conversion nach unten drückt. Ein Leadmagnet ist unverzichtbar auf dem Weg zum Erfolg und für den Aufbau einer Emailliste. Viele große Unternehmen erreichen 70%-75% Ihrer Umsätze durch Emailmarketing und nicht auf der Webseite. Bei mir liegt der Anteil sogar bei ca. 80%."

Nehmen Sie sich die Zeit und führen Sie eine möglichst ausführliche und allumfassende Keyword-Recherche durch. Nur durch diese Keyword-Recherche erhalten Sie alle Informationen über die Fragen und Probleme Ihrer Interessenten. Und nur dann werden Sie mit Ihrem Leadmagneten und den Inhalten Ihrer Webseite die passenden „Köder" erstellen, die den Nutzer nicht nur auf Ihre Webseite locken, sondern ihn dann auch „zubeißen" lassen und im ersten Schritt Ihren Leadmagneten im Austausch gegen seine Email-Adresse herunterzuladen.

Dies ist mit einer der wichtigsten Schritte für Ihren Erfolg mit Ihrer Webseite überhaupt.

Falls Sie direkt mit der Umsetzung Ihrer Keyword-Recherche beginnen möchten, habe ich Ihnen hier einen passenden Workshop vorbereitet. Dort zeige ich Ihnen exakt, wie Sie nicht nur die richtigen Keywords finden, sondern wie Sie diese dann auch wie oben gezeigt passend gruppieren. Link: www.magictools.co/keyword-recherche.

2. Ihr Angebot als Lösung verstehen

Wir alle haben als Dienstleister und Produktverkäufer etwas gemeinsam, was uns im Internet-Marketing extrem schaden kann. Wir kennen unser Angebot und unser Produkt in- und auswendig. Wir wissen absolut alles darüber. Höhe, Breite, Materialbeschaffenheit, notwendige Dauer bis zur Umsetzung einer Dienstleistung, Preis, Art und Umfang des Angebotes etc.

Diese detaillierte Kenntnis aller Eigenschaften steht uns aber im wichtigsten Schritt auf dem Weg zum erfolgreichen Verkauf enorm im Weg.
Denn in den meisten Fällen wird auf der Webseite damit begonnen, genau diese Eigenschaften und Details möglichst umfangreich zu beschreiben und aufzulisten.

Die Webseite ist dann voll mit allen nur erdenklichen Informationen zum Angebot, zum Umfang und zu den Eigenschaften.

Erst kürzlich hatten wir in unserer Agentur wieder ein Gespräch mit einem Hersteller von Wintergärten. Es wurde bereits sehr viel Geld für die Erstellung der Webseite bei einer anderen Agentur ausgegeben. Jetzt war der Frust natürlich groß, als auch nach mehr als drei Monaten noch keine zusätzlichen neuen Kundenanfragen über die Webseite generiert werden konnten.

Ein kurzer Blick auf die Webseite brachte ein gutes Stück Klarheit über den Grund für die ausbleibenden Kundenanfragen.

Die Webseite war voll von detaillierten Produktbeschreibungen und Produkteigenschaften. Es wurde aber kein einziges Wort über die Vorteile dieser Eigenschaften für den Kunden gesprochen.

Zudem wurden die technischen Details in den Vordergrund gestellt. Zum Beispiel hieß es dort auf der Webseite des Wintergartenherstellers
*(***Nicht wörtlich, aber im Sinne übertragen. Ich bin kein Wintergarten-Techniker und erhebe hier keinen Anspruch auf technische Richtigkeit. Geht nur darum, einen wichtigen Punkt zu kommunizieren :)*

- Doppelt gebürstetes Alu
- Hochdruck dampfbeschichtet
- Bis zu 120 kg/qm Tragfähigkeit

Erinnern Sie sich immer daran: Sie müssen bereits in der Überschrift Ihrer Webseite sofort den ersten Vorteil für den Besucher erkennen lassen, ansonsten verlässt er Ihre Seite nach weniger als 5 Sekunden wieder.

Auch im Rest der Webseite sollten Sie überwiegend über den NUTZEN Ihres Angebots für den Interessenten sprechen.

Im Beispiel des Wintergartenherstellers haben Sie keinen einzigen Vorteil zu lesen bekommen. Als wir dann mit dem Kunden unsere Standard-Übung durchgespielt haben (die ich Ihnen auch gleich noch zeigen werde), wurde die Sache plötzlich sehr viel besser.

Sehen wir uns die Liste der Eigenschaften noch einmal an und übersetzen diese in klare Vorteile für den Kunden:

- Doppelt gebürstetes Alu
  Vorteil: „Staubabweisend und daher leicht zu reinigen"
- Hochdruck dampfbeschichtet
  Resultat: „Kratzfest und elegante Optik"
- Bis zu 120kg/qm Tragfähigkeit
  Resultat: „Bis zu 30 m Schneedecke: Kein Problem! Gerüstet auch für den schlimmsten Winter"

Das sind die Dinge, die Sie für Ihr eigenes Angebot noch viel klarer herausarbeiten müssen.

1. Welches Probem löst Ihr Angebot für den Nutzer?
2. Welchen Wunsch wird mit Ihrem Angebot erfüllt?

So einfach das auch klingen mag: In den meisten Fällen ist diese Erarbeitung des Nutzens für den Interessenten wirklich Knochenarbeit für Sie als Webseitenbetreiber.
Über Jahre hinweg haben Sie Ihr Angebot nur aus der Perspektive des Anbieters betrachtet. Jetzt ist es an der Zeit, dass Sie den notwendigen Perspektivenwechsel vollziehen. Versetzen Sie sich in die Position Ihres Interessenten.

Wenn Sie nur eine einzige Sache aus diesem Buch mitnehmen, dann lassen Sie es diese sein: Ihr zusätzlicher Umsatz über das Internet wächst genauso schnell wie Ihre Fähigkeit, den Nutzen Ihres Angebots für den Interessenten glasklar zu formulieren.

Je besser es Ihnen gelingt, die Eigenschaften Ihres Angebotes in Vorteile und Nutzen für den Interessenten zu übersetzen, desto schneller werden Sie zusätzliche Erfolge über Ihre Webseite produzieren.

Kaufmotivatoren gezielt einsetzen

Eine Abkürzung zur perfekten Nutzenkommunikation bietet Ihnen die folgende Tabelle. Dies sind die emotionalen Gründe Ihrer Kunden hinter einer Kaufentscheidung.

Setzen Sie diese Auslöser gezielt in Ihrer Nutzenkommunikation ein und Sie werden – ohne weitere Änderung an Ihrer Webseite – eine deutliche Steigerung von Kundenanfragen und neuen Aufträgen erleben.

Versuchen Sie möglichst viele dieser Kaufmotivatoren in Ihre Nutzenkommunikation mit einzubeziehen.

Der Kunde kauft den Nutzen Ihres Produktes und nicht seine Eigenschaften

Jeder Kaufentscheidung liegt der Wunsch nach Veränderung zugrunde. Jede Handlung, die wir als Menschen umsetzen, beruht auf dem Wunsch nach Veränderung.

Selbst die Änderung Ihrer Sitzhaltung vor dem Fernseher beruht darauf, dass Sie sich in der alten Sitzhaltung nicht mehr maximal wohlfühlen. Sie versprechen sich von der neu eingenommen Sitz- oder Liegehaltung einfach mehr Wohlbefinden. Wenn wir als Menschen zufrieden sind, dann werden wir auch nichts verändern. Sobald wir etwas als unangenehm empfinden, versuchen wir diese Situation zu ändern. Wir wünschen uns also eine andere Situation als die, in der wir uns gerade befinden.

Genau so ist das mit der Kaufentscheidung eines Interessenten im Internet. Der Interessent wünscht sich Veränderung in irgendeiner Weise. Er wünscht sich in eine Situation hinein, die er durch die Nutzung Ihrer Produkte erreichen möchte.

Ihre Aufgabe ist es, ein glasklares Bild dieser Situation im Kopf des Nutzers entstehen zu lassen, in die er sich hinein wünscht. Wenn Sie es schaffen, dieses Bild der gewünschten Situation im Kopf des Nutzers entstehen zu lassen, dann erkennt der Interessent Ihr Angebot als den Weg an sein Ziel. Das Produkt verkauft sich anschließend ganz von alleine.

„Wenn du einen Bohrer verkaufen möchtest, dann verkaufe nicht den Bohrer, sondern das Loch in der Wand" - heißt eines der bekanntesten Zitate (von wem auch immer es sein mag), das diesen Umstand wunderbar beschreibt.

(Abb. 12: Die Käuferin kauft nicht die Glühbirne, sondern den Wunsch nach einem romantisch beleuchteten Wohnzimmer..)

Praxis Tipp:

So erarbeiten Sie sich Ihr eigenes Nutzenversprechen, das die Verkäufe über Ihre Webseite nur so sprudeln lässt.

Wie schaffen Sie das? Wie kommen Sie hier in die Umsetzung?
Ich gebe Ihnen gleich eines der wichtigsten Werkzeuge mit an die Hand, das Ihnen dabei helfen wird.

Lassen Sie sich hier nicht in die Irre führen. Die folgende Übung sieht sehr einfach aus, kann aber mehrere Tage harter Arbeit für Sie bedeuten, wenn Sie es ernst nehmen und das beste Ergebnis erzielen möchten.

Machen Sie sich auf einem Blatt Papier drei Spalten:

1. Eigenschaften
2. Nutzen
3. Gefühl

In der ersten Spalte listen Sie alle Eigenschaften Ihres Angebots: Höhe, Breite, Farbe, Spieldauer der Inhalte, Umfang, Inhaltsangaben, Materialbeschaffenheit etc.

In der zweiten Spalte nehmen Sie sich dann die Tabelle der Kaufmotivatoren zur Hilfe und übersetzen die eben gelisteten Eigenschaften in den vom Kunden gewünschten Effekt.

In der dritten Spalte beschreiben Sie das Gefühl, das für den Interessenten durch die Nutzung Ihres Produktes entsteht. Erleichterung, Wohlbefinden, stressfrei genießen, sorgenfrei sein etc.

Nehmen Sie sich für diese Übung ausreichend Zeit und seien Sie geduldig mit sich selbst. Das kann aus Erfahrung einiges an Zeit in Anspruch nehmen und auch mal frustrierend sein, wenn Sie es nicht sofort auf den Punkt bringen.

Lassen Sie sich nicht entmutigen. Nach wenigen Tagen werden Sie so viel mehr Klarheit haben und dadurch garantiert bessere Verkaufszahlen auf Ihrer Webseite erreichen.

Bei jedem Besuch eines neuen Interessenten Ihrer Webseite stellt sich der Besucher nur eine Frage: „ Was habe ich davon? Was bringt mir das? Was ist mein Vorteil?"

Wenn dem neuen Besucher nicht innerhalb der ersten Sekunden des Besuches Ihrer Webseite glasklar vor Augen geführt wird, welcher Vorteil ihm durch Ihr Angebot entsteht, dann haben Sie diesen Besucher für immer verloren. Der Besucher wird Ihre Webseite verlassen und nie wiederkommen.

Daher würde ich Ihnen dringend raten, sich Ihre eigene Webseite nochmal sehr kritisch anzusehen. Versetzen Sie sich in die Lage Ihrer Besucher.

- Wird sofort klar was der Vorteil Ihres Angebotes ist?
- Wird sofort klar, dass mit Ihrem Angebot das erhoffte Ziel schneller oder einfacher erreicht werden kann?
- Wird sofort klar was der Besucher im nächsten Schritt machen muss, um das Angebot auch anzunehmen?

3. Ihre Webseite als Haken und Lustmacher

Die Funktion Ihrer Webseite für Sie als Unternehmer

Welche Funktion hat Ihre Webseite? Was wollen Sie damit erreichen?

- Mehr Telefonanrufe?
- Mehr Einträge in Ihren Newsletter?
- Mehr Downloads Ihrer Broschüren?
- Mehr Kontaktanfragen über ein Formular?
- Mehr direkte Verkäufe?

Auf den ersten Blick erschließen sich direkt einige mögliche Ziele, die Sie mit Ihrer Webseite verfolgen können.

Doch es gibt noch eine (sehr wichtige) weitere Funktion, die nicht direkt auf den ersten Blick zu erkennen ist. Es ist aber genau diese Funktion, die Ihnen einen dauerhaften Strom von neuen Kunden und Umsatz über Ihre Webseite garantiert.

Die Kommunikation auf Ihrer Webseite funktioniert in beide Richtungen.

Ihre Webseite dient nicht nur dem bloßen Darstellen von Information über Ihr Angebot und Ihr Produkt, sondern hat auch noch eine zweite wichtige Aufgabe: Ihre Webseite sammelt Statistiken. Jeder Klick wird registriert und aufgezeichnet. Über das Auslesen dieser Statistiken erkennen Sie sofort, für welche Bereiche Ihrer Webseite sich die Webseitenbesucher mehr interessieren und welche Bereiche weniger interessant sind.

Aufgabe 1 Ihrer Webseite: Informationslieferant für den Besucher

Zum einen können Sie natürlich Information über Ihr Angebot bereitstellen, den Besuchern klar machen, welches Problem Sie für Ihre Kunden lösen und welchen Vorteil Ihre Kunden durch die Nutzung Ihres Produktes genießen.

Sie „sprechen" also mit Ihren Webseitenbesuchern. Über die Texte, Bilder und Videos auf Ihrer Webseite teilen Sie ihm etwas mit.

Aufgabe 2 Ihrer Webseite: Den Besuchern zuhören

Genau wie in jeder guten Unterhaltung funktioniert Ihre Webseite genau dann am besten, wenn Sie nicht nur ständig sprechen sondern auch ein guter Zuhörer sind.

Je genauer Sie darauf hören, was Ihnen Ihr Gesprächspartner mitteilen will, desto angenehmer wird Ihr gegenüber das Gespräch empfinden. Er wird sich gut verstanden fühlen, weil Sie genau auf die Dinge eingehen, die Ihrem Gesprächspartner wichtig sind.

Auch Ihre Webseite bietet Ihnen die Möglichkeit, aktiv zuzuhören und zu erkennen, was genau sich Ihre Besucher von Ihnen wünschen.

Dies ist Ihre absolute Geheimwaffe in der Steigerung Ihres Erfolgs. 98 Prozent Ihrer Mitbewerber haben diese Möglichkeit für sich noch nicht erkannt.

Als Internetnutzer erwarten wir alle mittlerweile, dass eine Webseite möglichst schnell eine Antwort auf unsere Fragen liefert. Ohne es zu merken, haben wir uns als Internetnutzer daran gewöhnt, dass wir unsere Fragen immer schneller beantwortet bekommen. Wir alle erwarten von einer Webseite möglichst schnelle Antworten auf unsere Fragen. Jeder einzelne von uns fragt sich bei jedem Besuch einer Webseite: „Was bringt mir das?"

Beobachten Sie sich einmal selbst, wenn Sie eine unbekannte Webseite zum ersten Mal betreten. Wie entscheiden Sie sich dafür, dass Sie länger auf der Seite bleiben? Was löst in Ihnen den Impuls aus, die Seite sofort wieder zu lassen? Was denken Sie kurz vor dem Schließen der Webseite?

Um noch einmal zurück zum Angler-Vergleich vom Beginn des Buches zu kommen: Sie haben sich über die vergangenen Seiten ein Angebot erarbeitet, das den Vorteil Ihres Angebotes für den Nutzer ganz klar in den Vordergrund stellt.

Nun muss Ihre Webseite so angepasst werden, dass diese den Nutzen und die Vorteile Ihres Angebots auch glasklar präsentiert und den Interessenten weiter in den Bann zieht. Ihre Webseite funktioniert hier als der Haken.

Somit braucht Ihre Webseite im ersten Schritt erst einmal einen ordentlichen „Aufhänger“, der dazu führt, dass der Besucher Ihrer Webseite sofort im ersten Moment zu 100 % aufmerksam ist.

Die Aufmerksamkeit eines Interessenten ist das wertvollste Gut im Internet. Bei so viel Informations- und Unterhaltungsmöglichkeiten ist es Ihre Aufgabe, den Nutzer erst einmal davon abzuhalten, Ihre Webseite sofort wieder zu verlassen. Mit der bereits geleisteten Vorarbeit aus den vorangegangenen Kapiteln sollte das für Sie kein Problem mehr sein.

Je besser Sie also Ihre Webseite dazu nutzen, Ihren Besuchern zuzuhören, desto besser werden Sie Ihre Webseite an die Erwartungen Ihrer Besucher anpassen können.

KOMMENTAR RALF SCHMITZ

„Sie wollen Ihren Umsatz und Ihre Gewinne einfach und schnell steigern? Dann „hören“ Sie zu und lassen sich von Ihren Webseiten Besuchern sagen, was diese lesen wollen. Die einfachste Möglichkeit enorm schnell Feedback der Besucher zu bekommen ist dabei die Technik des Splittestens. Ganz sicher eines der mächtigsten und einfachsten Werkzeuge zugleich, um erfolgreich zu sein.

Ich splitteste schon mehr als 8 Jahre alle meine Webseiten. Headlines, Bullet Points, Videos, Farben und vieles mehr. Die ersten Jahre wurde ich teilweise von meinen Kollegen für meine Splittests ausgelacht. Heute tun sie es auch. 30% bis 50% Conversion Verbesserung sind keine Seltenheit. Wichtig ist, Sie müssen die Ergebnisse auch einfließen lassen. Egal was Sie selbst denken, der „Besucher ist König“ und bekommt das, was er lesen will.“

„War keine Absicht"

Kaum ein Besuch Ihrer Webseite war jemals von Ihren Besuchern geplant. Die meisten neuen Besucher stolpern mehr oder weniger zufällig über Ihre Webseite. Der Großteil von Webseite-Besuchen auf Ihrer Seite ist Zufall.

Der Besucher kommt gerade von einer anderen Webseite, wo ihm Ihr Name, Ihre Werbeanzeige oder Ihr Suchmaschineneintrag ins Auge stach. Der anschließende Klick ist nicht geplant. Von einem unterbewussten Impuls wurde der Klick ausgelöst, der den Besucher dann zu Ihnen auf die Webseite schleuderte.

Erinnern Sie sich bitte immer wieder daran: Ihre Webseite ist im ersten Augenblick einmal nur eins für den Besucher: Eine kurze Ablenkung von dem was er eigentlich gerade macht. Egal wie er den Weg auf Ihre Webseite gefunden hat, im ersten Moment nach dem Aufruf Ihrer Webseite ist er noch mit 99 % seiner Aufmerksamkeit auf der Webseite, von der er gerade gekommen ist.

- Entweder hat er gerade einen Artikel auf einer anderen Webseite gelesen und kurz auf Ihren Werbebanner geklickt.
- Oder er war gerade auf Facebook unterwegs und hat Ihre Anzeige angeklickt.
- Oder er war auf Google und suchte gezielt nach einer bestimmten Lösung.

Eigentlich ist sein Fokus noch auf der Webseite, von der er gerade gekommen ist. Somit ist es Ihre erste und wichtigste Aufgabe die volle Aufmerksamkeit des Kunden auf Ihre Webseite zu holen.

Welche Möglichkeiten Sie haben, dies zu erreichen, dass erfahren Sie im nächsten Kapitel.

Die sieben Schwellen auf dem Weg zum erfolgreichen Webseitenbesuch

Generell gibt es sieben Punkte auf Ihrer Webseite, die über den Erfolg entscheiden:

1. Die perfekte Überschrift
2. Die Unterüberschrift als Verstärker
3. Fließtext
4. Social Proof
5. Selbstzweifel und Vertrauen
6. Klare Handlungsaufforderung

Die perfekte Überschrift

Im ersten Moment ist der Besucher nur kurz bereit, Ihre Überschrift zu lesen und evtl. noch die Unterüberschrift zu überfliegen. Mehr Zeit schenkt er Ihnen nur dann, wenn diese beiden Zeilen bereits den Vorteil für den Nutzer unmissverständlich klar gemacht haben.

Die Überschrift ist nahezu fast zu 90% für den Erfolg Ihrer Webseite verantwortlich. Hier entscheidet sich bereits, ob der Nutzer sich direkt angesprochen fühlt, oder ob er Ihre Webseite für immer verlässt. Man spricht in diesem Zusammenhang auch von der „Macht der Überschrift".

Problem-Fokus vs. Lösungs-Fokus

In manchen Fällen bietet es sich an, das Problem in der Überschrift aufzugreifen, das den Besucher plagt. So geben Sie sofort zu verstehen, dass Sie sein Problem erkannt haben. Der Besucher identifiziert sich oft stärker mit seinem Problem als mit der gewünschten Lösung (die er unter Umständen noch gar nicht kennt.)

In anderen Fällen reagieren die Besucher viel aktiver, wenn die Überschrift bereits die vom Besucher gewünschte Lösung aufgreift.

Hier gibt es keine allgemeingültigen Aussagen. Jede Webseite, jedes Angebot und jede Zielgruppe ist unterschiedlich und wünscht sich hier eine andere Ansprache in der Überschrift.

Wie sollen Sie sich hier entscheiden? Wie sollen Sie wissen was die Besucher Ihrer Webseite mehr anspricht? Was ist die perfekte Überschrift?

Zum Einem haben Sie bereits gute Vorarbeit geleistet und sich intensiv mit dem Nutzen Ihres Angebotes für den Interessenten beschäftigt. Nun sind Sie aber bei der Auswahl Ihrer Überschrift dazu gezwungen, sich für nur einen Vorteil oder ein Problem des Interessenten zu entscheiden. Und das muss sitzen. Sonst ist der Besucher ja wieder weg.

Wow. Monster-Aufgabe.
Ich kann Sie beruhigen. Denn diese Aufgabe ist nicht Ihre Aufgabe. Die Entscheidung ist überhaupt nicht Ihre Entscheidung. Die Entscheidung, welche Überschrift den Besucher am meisten überzeugt, kann nur ein Mensch treffen: Der Besucher selbst. Nur der Besucher selbst weiß, was ihn am meisten anspricht und zum Weiterlesen bewegt.

Das Bauchgefühl ist der schlechteste Unternehmensberater

Schluss mit dem Bauchgefühl.
Ihr Bauchgefühl hat bei solchen Entscheidungen nichts verloren.
Die Entscheidung welche Überschrift Sie am besten verwenden sollten, ist nur eine von 1000 Entscheidungen die Sie über Ihre Webseite treffen müssen.

Mehr oder weniger aus dem Bauch heraus wird dann entschieden, weil man selbst der Meinung ist oder weil man einer Empfehlung eines Freundes oder Kollegen folgt. Sie möchten aber doch Ihre Besucher überzeugen und nicht sich selbst und Ihre Bekannten oder? Also müssen Sie Ihre Webseite auch so gestalten, dass Ihre Interessenten von Ihren Überschriften, Bildern und Texten überzeugt werden.

Diese Entscheidung können Sie selbst nicht treffen. Ihre Webseite muss Ihre Interessenten überzeugen. Somit müssen Sie diese Entscheidungen auch Ihren Interessenten überlassen. Ihr Bauchgefühl ist hier der schlechteste Berater. Sie müssen also einen Weg finden, wie Sie all diese Entscheidungen über Ihre Texte, die Farbwahl, die Überschriften etc. von Ihren Interessenten entscheiden lassen.

Split-Testing: Die magische Entscheidungsmaschine

Mit Split-Testing (oder auch A/B-Testing) präsentieren Sie der einen Hälfte Ihrer Besucher eine bestimmte Variante der Überschrift (Variante A) und der zweiten Hälfte Ihrer Besucher präsentieren Sie eine andere Variante (Variante B) der Überschrift.

Sie nutzen hierzu ein sehr einfach zu bedienendes Werkzeug, das ich Ihnen gleich noch vorstellen werde. Dieses Werkzeug zeigt Ihnen dann ganz genau, welche Variante der Überschrift bei Ihren Besuchern am besten ankommt.

Hier beginnen Sie tatsächlich damit, Ihren Besuchern zuzuhören. Denn Split-Testing erlaubt Ihnen genau das: Zuhören. So präsentieren Sie Ihren Besuchern auf Dauer immer genau die Variante, die sie sich wünschen.

Die Entscheidung, welche Überschrift Sie wählen oder welche Farbe Ihre Webseite haben soll, ist nicht Ihre eigene. Sie möchten Ihre Besucher überzeugen, also müssen Sie immer Ihre Besucher entscheiden lassen, was deren bevorzugte Variante ist.

Das komplizierteste am Split-Testing (oder A/B-Testing) ist einzig und allein der Name. Die Umsetzung eines Split-Tests für Ihre eigene Webseite ist wirklich keine Hexerei. Sie brauchen dazu keinen Webseitenprogrammierer und auch keinen Designer.

Machen Sie sich Ihr Leben durch Split-Testing stressfreier
Endlich müssen Sie sich nicht mehr den Kopf darüber zerbrechen, was Sie denn jetzt an Ihrer Webseite verbessern sollten. Sie überlassen diese Entscheidungen einfach Ihren Besuchern. Es war ohnehin noch nie Ihre Entscheidung. Es haben immer schon Ihre Besucher darüber entschieden, ob Ihre Überschrift oder andere Teile Ihrer Webseite als „gut" oder „schlecht" empfunden wurden. Nur wussten Sie einfach nie wirklich darüber Bescheid.

Mit Split-Testing beginnt eine neue Zeitrechnung in Ihrem Online-Verkauf.
Ab sofort treffen Sie garantiert die besseren Entscheidungen. Ab sofort verbessert sich Ihre Webseite mit jedem Split-Test genauso, wie Ihre Besucher sich das wünschen.

Keine Angst. Die Umsetzung ist mittlerweile mit drei Klicks möglich. Bis vor kurzem war Split-Testing noch recht teuer und technisch kompliziert. Ich stelle Ihnen aber hier zwei Möglichkeiten vor, wie Sie innerhalb von 60 Sekunden Ihren ersten Split-Test erstellen können. Mehr Infos hier: magictools.co/splittest.

2. Die Unterüberschrift als Verstärker - ein super Hack

Die Unterüberschrift verstärkt oder ergänzt die Aussage der Überschrift. Ein interessanter erster Split-Test für Ihre Überschrift und Unterüberschrift ist folgender:
Die eine Variante des Split-Tests greift in der Überschrift direkt das Problem des Besuchers auf und nutzt in der Unterüberschrift die vom Besucher gewünschte Lösung.

Die zweite Variante startet in der Überschrift mit der gewünschten Lösung für das Problem des Besuchers und greift erst in der Unterüberschrift das Problem selbst auf. So erkennen Sie, welche Perspektive Ihre Besucher gerade mehr anspricht (Problemperspektive oder Lösungswunsch im Vordergrund). Dies gibt Ihnen wertvolle Hinweise darauf, auf welche Perspektive Ihre Webseite und Ihre Werbung für neue Besucher ausgerichtet werden sollten.

Der Traum von der perfekten Webseite

Je eher Sie sich von der Idee verabschieden, dass Ihre Webseite jemals „fertig" sein wird, desto schneller wird Ihre Webseite ERFOLGBAR.

Sie werden es nie jedem Besucher recht machen können. Das müssen Sie aber auch gar nicht. Es ist völlig ausreichend, wenn Sie es denjenigen Besuchern recht machen, die anschließend auch zu Ihren Kunden werden wollen.

Ihre Webseite ist genau dann „perfekt", wenn Sie Ihre Webseite dazu nutzen, über Split-Testing und das Auslesen der Webseiten-Statistiken wichtige Informationen zu den Vorlieben Ihrer Interessenten und zukünftigen Kunden zu erhalten. Genau dann ist Ihre Webseite perfekt für den dauerhaften Erfolg vorbereitet. Ihre Webseite ist ab sofort erfolgbar. Das heißt: Sie können endlich damit beginnen, Ihre Webseite gezielt an die Wünsche Ihrer Besucher anzupassen. Zusätzliche Anfragen von Kunden für Ihre Dienstleistung, zusätzliche Produktverkäufe und zusätzliche Einträge in Ihren Newsletter werden sich wie von selbst ergeben.

Ihre Webseite als dauerhafte Meinungsumfrage: Gold wert !
Sie erhalten Monat für Monat wichtige Hinweise darüber, was genau Sie an Ihrer Webseite verbessern müssen, um noch mehr Erfolge damit zu produzieren. Fangen Sie damit an, Ihre Erfolge zu machen, anstatt sie dem Zufall zu überlassen.

„Lesen Sie Ihren Besuchern die Wünsche von den Zahlen ab."

Im Rest des Buches werden Sie erfahren, wie Sie die Statistiken Ihrer Webseite dazu nutzen können, die Zufriedenheit und das Vertrauen Ihrer Webseitenbesucher in Ihr Angebot gezielt zu steigern. Sie werden nicht länger dem Zufall ausgeliefert sein. Sie beginnen ab sofort damit, Ihre Erfolge gezielt zu lenken.

Wie erkennen Sie nun, ob Ihre Webseite „gut" oder „schlecht" ist?

Versuchen Sie sich von der Bewertung Ihrer Webseite in „gut" oder „schlecht" zu verabschieden. Ihre Webseite ist momentan weder gut noch schlecht. Sie ist einfach so, wie sie ist. Wichtig ist im ersten Schritt, dass Sie die momentane IST-Situation Ihrer Webseite möglichst neutral erfassen.

Ihre Webseiten-Statistiken liefern hier die notwendige Grundlage. Diese Statistiken sind immer ein Ausdruck der Zufriedenheit Ihrer Besucher. Nutzen Sie die vorhandenen Statistiken also zur Erfassung der momentanen Situation.

Das gängigste und weit verbreiteste Werkzeug, das Ihnen hier zur Verfügung steht, heißt: „Google Analytics" (zu erreichen über http://analytics.google.com). Dort sollten Sie sich ein Konto anlegen, falls Sie das nicht schon getan haben. Kostenlos und unverbindlich.

Praxis-Tipp: Die Menschen hinter den Zahlen

Die eigentliche Power hinter den Zahlen die Ihre Website Analyse liefert liegt darin, die Menschen hinter den Zahlen dadurch besser kennen zu lernen.

Jede Zahl bietet Ihnen einen Einblick in die Aktion eines Besuchers auf Ihrer Webseite. In der Summe geben mehrere Hundert Besucher jeden Monat über diese Analyse-Zahlen deren Meinung, deren Wünsche und Kritik zu verstehen. Sie werden jetzt gemeinsam mit mir lernen, wie Sie diese Wünsche aus den Zahlen herauslesen und wie Sie dann im Anschluss Ihre Webseite (oder YouTube, facebook, twitter, snapchat, Blog, Onlineshop etc.) genau so ändern können, dass diese Wünsche Ihrer Besucher immer besser erfüllt werden. Ihre Webseite passt sich also ab sofort den Wünschen Ihrer Webseitenbesucher an. Ihre Webseite optimiert sich Tag für Tag wie von selbst.

Der wichtigste Tipp den ich Ihnen im Bezug auf Tracking und Analytics geben kann ist: Vergessen Sie, dass Sie Zahlen sehen. Beginnen Sie damit, die Menschen hinter den Zahlen, zu erkennen. Fragen Sie sich immer: "Was wollen mir meine Besucher/Zuschauer/Leser damit sagen?"

Manchmal ist es sehr offensichtlich und die Änderung einer Überschrift führt zu einem sofortigen Rückgang des Interesses Ihrer Besucher, während eine weitere Änderung auf die alte Überschrift genauso schnell zur Verbesserung führen kann.
So lernen Sie die Wünsche Ihrer Besucher immer besser kennen.

Denken Sie also immer dran: "Zahlen sind die Menschen und deren Wünsche auf Ihrer Webseite."

Praxis-Tipp im Praxis-Tipp:
Schreiben Sie sich diesen Satz auf und kleben Sie ihn sich an den Bildschirm.
Wirkt Wunder. Warum?
Ganz einfach: Jedes mal wenn Sie in Zukunft irgend eine Entscheidung zu

treffen haben und sich nicht sicher sind, wie Sie sich entscheiden sollen. Jedesmal wenn Sie sich so fühlen als „wüssten Sie einfach noch nicht genug" um eine Frage zu beantworten die sich auf Ihrer Webseite für Sie stellt: Denken Sie immer daran: Die Menschen hinter den Zahlen haben immer eine Antwort.
Befragen Sie die Zahlen.
Befragen Sie die Menschen hinter den Zahlen.

Ein Merkmal der Zufriedenheit Ihrer Webseitenbesucher ist die Dauer eines Besuches. Je interessanter Ihre Webseite für Ihre Besucher ist, desto länger wird jeder einzelne Besucher auch auf Ihrer Webseite bleiben.

Diese Kennzahl nennt sich „Verweildauer" oder auch „Sitzungsdauer".

Egal wo die durchschnittliche Verweildauer Ihrer Webseite gerade liegt: Die momentane Zahl ist lediglich der Ausgangspunkt, den Sie als Richtwert nutzen werden, um in Zukunft die Veränderungen an Ihrer Webseite zu bewerten.

Verbessert sich die Verweildauer nachdem Sie eine Veränderung vorgenommen haben oder verschlechtert sie sich?

Wenn eine Verbesserung eintritt, dann heißt das für Sie: Sie sind auf dem richtigen Weg. Ihre Besucher sind jetzt zufriedener mit Ihrer Webseite als noch vor den Änderungen. Sie bleiben ja länger auf Ihrer Webseite.

Sie erkennen sofort, welche Änderungen bei Ihren Besuchern besonders gut ankommen. Dann machen Sie mehr davon.

Und Sie erkennen auf der anderen Seite auch sehr schnell, wenn eine Änderung, die Sie vorgenommen haben, überhaupt nicht gut bei Ihren Besuchern ankommt. Dann machen Sie einfach weniger davon.

Erkennen Sie jetzt welches System dahinter steckt? Sie haben eine Idee und setzen diese um. Anstatt aber darauf zu hoffen, dass die Änderung auch eine Verbesserung der Leistung Ihrer Webseite mit sich bringt, lesen Sie ganz einfach die Reaktion Ihrer Besucher ab und erkennen im Handumdrehen, welche Änderungen von Ihren Besuchern erwünscht sind und welche unerwünscht.

Website-Analysezahlen: Ihr Wegweiser zum Erfolg

Online-Business ist ein reines Zahlenbusiness. Zahlen haben in diesem Sinne aber nichts mit Mathematik zu tun. Sie müssen auch nicht rechnen und brauchen kein Genie in Mathe gewesen zu sein.

Im Grunde können Sie Google Analytics und die Zahlen im Online-Business mit dem Armaturenbrett in Ihrem Auto vergleichen.

(Abb. 13: Ohne das Beachten der Geschwindigkeit oder Kraftstoffanzeige werden Sie nicht richtig und stressfrei fahren können. Quelle: Bild bmw 1399427, Bild pixabay)

Stellen Sie sich mal eine Autofahrt komplett ohne diese wichtigen Hinweise vor. Sie wüssten nicht wie schnell Sie fahren. Sie wüssten nicht wie viel Benzin Sie noch im Tank haben. Sie wüssten nicht, ob Ihr Auto gerade überhitzt oder vielleicht der Ölstand zu niedrig ist.

Eine stressfreie Autofahrt ohne Armaturenbrett ist schlichtweg unmöglich.

Momentan versuchen Sie aber genau das: Sie versuchen Ihre Webseite ohne Armaturenbrett zum Erfolg zu steuern. Sie befinden sich aber im absoluten Blindflug. Sie sind momentan mitten in der Nacht mit Höchstgeschwindigkeit auf der Autobahn unterwegs. Ohne Licht. Im Dunkeln.
Die Tatsache, dass Sie Ihr Web-Projekt noch nicht komplett gegen die Wand gefahren haben, grenzt an ein Wunder.

Dabei ist es so einfach.
Jede Kennzahl gibt Ihnen einen Hinweis darauf, was genau Sie an Ihrer Webseite noch verbessern können.

Ihr Ziel muss es sein, die Bedeutung der einzelnen Zahlen im Bezug auf die Wünsche Ihrer Besucher zu verstehen. Die einzelnen Zahlen an sich dienen Ihnen nur als Hinweis darauf, was sich die Menschen hinter den Zahlen von Ihnen wünschen.

Die Kennzahlen bewusst als Navi nutzen

Erinnern Sie sich an ...

Erinnern Sie sich noch an die Geschichte mit der unfertigen Website, die dann bei Fossil tatsächlich am nächsten Tag an den Start gegangen ist? Erinnern Sie sich auch noch, dass diese Unfertigkeit der Schlüssel zum Erfolg war?
Jeden Abend wurden spezielle "Kennzahlen" mit dem Vortag verglichen um zu sehen, wie die Besucher auf die Seite reagieren und wo noch etwas verbessert werden muss.

Zum Einstieg möchte ich Ihnen drei Kennzahlen mit auf den Weg geben, die Ihnen eine sofortige Verbesserung Ihrer Situation ermöglichen werden.

Zudem ist es wichtig, dass Sie erkennen, was diese Kennzahlen über die Zufriedenheit Ihrer Besucher aussagen. Sobald Sie erkennen, welche Kennzahl Sie im Auge behalten müssen, werden Sie in der Lage sein, Ihre Webseite gezielt in Richtung Erfolg zu lenken. Ja. Regelrecht zu lenken. Gezielt auf den Erfolg zu steuern. Und zwar Schritt für Schritt. Dazu aber gleich noch mehr.

An dieser Stelle möchte ich noch einmal kurz an eine der zwei Schlüsselfragen vom Anfang dieses Buches erinnern:
Schlüsselfrage #2: „Wie kann ich meine Webseite genau so abändern und verbessern, dass mein Angebot als Lösung für ein bestimmtes Problem erkannt wird?“
Ab sofort ändern Sie also nicht mehr nur willkürlich irgendwelche Dinge an Ihrer Webseite in der Hoffnung darauf, dass sich eine Verbesserung daraus ergibt. Nein. Ab heute gehen Sie gezielt vor. Ab heute stellen Sie sich immer diese Schlüsselfrage, bevor Sie eine Änderung vornehmen.

Ab sofort nehmen Sie eine Änderung nur noch dann vor, wenn Sie davon ausgehen, dass sich dadurch die Zufriedenheit der Besucher mit Ihrer Webseite verbessern lässt.

Wie erkennen Sie die Verbesserung der Zufriedenheit Ihrer Nutzer? Ganz genau: Anhand bestimmter Kennzahlen, die Ihnen von Google Analytics kostenlos zur Verfügung gestellt werden.

Die Kennzahlen, die ich Ihnen gleich vorstellen werde, werden Ihnen also als Wegweiser, dienen auf dem Weg zur erfolgbaren Webseite.

Bevor Sie sich aber in den Tiefen von Google Analytics verirren und den Wald vor lauter Kennzahlen nicht mehr sehen, möchte ich Ihnen hier die drei für den Anfang wichtigsten Kennzahlen mit auf den Weg geben und Ihnen zeigen, was diese Kennzahlen über Ihre Webseite aussagen. Denn das Lesen von Kennzahlen macht nur dann Sinn, wenn sich daraus auch klare Empfehlungen für Sie ergeben. Jede Kennzahl gibt Ihnen nämlich eine ganz klare Empfehlung, was genau Sie an Ihrer Webseite als nächstes ändern müssen, um Ihre Besucher noch zufriedener zu machen.

- Absprungrate
- Verweildauer
- Conversion-Rate

Natürlich gibt es noch hunderte weiterer Kennzahlen, die in verschiedenen Situationen zur Bewertung der Zufriedenheit Ihrer Besucher eingesetzt werden. Und natürlich gibt es viele technische Eigenheiten der einzelnen Kennzahlen, auf die wir aber im Sinne der Zeit und des Umfanges dieses Buches verzichten müssen. Sie können mich aber diesbezüglich jederzeit kontaktieren.

Mir ist nur wichtig, Ihnen hier einen ersten Einstieg zu bieten und die Welt der Zahlen (die oft sehr „mathematisch" und kompliziert wirken) auf greifbare Weise näher zu bringen.

So starten Sie die Erfolgsproduktion

„Erfolg im Internet hat nichts mit Glück, Zufall oder Talent zu tun. Erfolg im Internet wird gemacht. Erfolg im Internet lässt sich regelrecht produzieren. Schritt für Schritt."

So zumindest hatte ich das in der Einleitung zu diesem Buch behauptet. Jetzt sind wir genau an dem Punkt angelangt, wo ich Ihnen zeige, wie Sie diese Erfolgsproduktion für sich und Ihr Webseitenprojekt starten können.

Erfolg passiert nicht plötzlich über Nacht. Eine erfolgreiche Webseite ist das Resultat einer regelmäßigen Verbesserung Ihrer Webseite entsprechend den Wünschen Ihrer Besucher.

Schritt für Schritt nehmen Sie Änderungen vor und warten die Reaktion Ihrer Besucher anhand der Webseite-Kennzahlen ab. Die Regelmäßigkeit ist hier der entscheidende Punkt. Am besten eignet sich ein wöchentlicher Rhythmus. Sie müssen diesen Änderungszyklus als einen wöchentlichen Meilenstein in Ihrem Kalender festlegen. Am besten, Sie legen dieses Buch kurz zur Seite, nehmen sich Ihren Kalender zur Hand und tragen einen Termin in Ihren Kalender ein. Nennen Sie den Termin „Erfolgsproduktion" und wiederholen Sie diesen Termin wöchentlich – immer am gleichen Wochentag und zur gleichen Zeit.

Mein eigener „Erfolgsproduktionstermin" ist immer am Freitag Vormittag um 8 Uhr, bevor hier in der Agentur der Trubel losgeht. Dieser wöchentliche Termin steht bereits seit über zwei Jahren so in meinem Kalender. Davor war es der Donnerstag. :-)

Unverrückbar. Telefon aus. Skype aus. Facebook aus. Konzentration auf die Zufriedenheit Ihrer Webseitenbesucher. Starten Sie zu Beginn und der Übung halber einfach mit den oben genannten Kennzahlen und versuchen Sie diese für die ersten drei Monate bewusst zu beeinflussen. Das sind zwölf Termine, in denen Sie lernen werden, die Wünsche Ihrer Besucher von den Zahlen abzulesen.
(Eine exakte Vorgehensweise und sogar eine Schablone, die Sie zum Start verwenden können, stelle ich Ihnen im Begleit-Training zum Buch vor. Hier Gratis anmelden: www.magictools.co/training)

Jede Woche – eine Zahl – eine Aktion

Jede Woche läuft gleich ab. Sie notieren sich eine Kennzahl, die Sie verbessern wollen. Sie planen eine konkrete Aktion, mit der Sie diese Kennzahl beeinflussen können. In der folgenden Woche vergleichen Sie die Kennzahl mit Ihren Notizen der Vorwoche. Die Zahl wird sich verändert haben. Anhand dieser Veränderung können Sie ablesen, wie Ihre Besucher auf die Veränderung reagiert haben.

Beispiel: Absprungrate senken

Nehmen wir mal als Beispiel die Absprungrate. Sie notieren sich diese Woche eine Absprungrate von 65 %. Ihr Ziel ist es, diese Absprungrate auf unter 50 % zu reduzieren. Sie planen eine Änderung Ihrer Überschrift, die den Nutzen Ihres Angebotes für den Besucher sofort und unmissverständlich klar macht. Dadurch hoffen Sie, dass mehr und mehr Besucher weiter auf Ihrer Seite bleiben, anstatt sofort wieder abzuspringen.

Es gibt kein Versagen mehr: Neutrale Auswertung

In Ihrem Termin in der folgenden Woche beurteilen Sie anhand der Kennzahlen, ob Ihre Besucher positiv oder negativ auf die von Ihnen umgesetzten Änderungen reagieren.

Wichtig ist, dass Sie hier möglichst neutral an die Sache herangehen. Es gibt hier kein „gut" oder „schlecht". Es gibt lediglich eine Veränderung. Die Kennzahl wird sich unweigerlich verändern. Sie wird höher sein als letzte Woche oder niedriger sein als letzte Woche.

In beiden Fällen haben Sie eine wichtige Erkenntnis gewonnen. Sie haben Klarheit darüber, wie Sie Ihre Webseite weiter verbessern können. Somit werden Sie mit dieser Methode nie wieder enttäuscht sein über „schlechte" Zahlen. Denn selbst diese Verschlechterung der Zahl gibt Ihnen Klarheit. Sie wissen jetzt, was nicht gut angekommen ist und können gegenlenken.

Und jetzt verstehen Sie auch, warum Sie nie wieder eine neue Webseite benötigen werden. Wenn Sie Ihre Kennzahlen und somit Ihre Webseite permanent verbessern, ist Ihre Webseite immer optimiert.

Ihre Webseite ist ERFOLGBAR und stets immer besser als eine neue Webseite.

KOMMENTAR RALF SCHMITZ

„Online wie auch Offline ist das Kennen der Zahlen eine der wichtigsten Aufgaben überhaupt. Wer seine Zahlen nicht kennt, wird niemals Erfolg haben.

Um sich ständig zu verbessern muss man auch immer seine aktuellen Zahlen vorliegen haben. Damit meine ich nicht nur Umsatz, Gewinne und Kosten.

Ganz im Gegenteil.

Ich spreche von Besucherzahlen der Webseite, wie hoch ist die Conversion auf meinen Webseiten, wie hoch die Besuchsdauer der einzelnen Besucher und von welcher Quelle kommen die Besucher.

Nur wenn Sie diese Zahlen kennen und richtig beurteilen sind Sie in der Lage ein perfektes Onlinebusiness zu betreiben."

Die Zahlen sind weder „gut" oder „schlecht". Sie zeigen Ihnen lediglich unmissverständlich die Richtung an, in die Sie sich bewegen müssen, wenn Sie die Erfolge Ihrer Webseite weiter steigern möchten.

Diese Veränderung ist ein Hinweis für Sie, ob die Änderung, die Sie in der Woche zuvor umgesetzt haben, gut oder schlecht bei Ihren Besuchern angekommen ist. In beiden Fällen haben Sie etwas dazugelernt. Sie haben nun endlich Klarheit darüber, welche Änderungen von Ihren Besuchern gewünscht werden.

Volle Kontrolle

Anstatt also den Kopf in den Sand zu stecken, wenn Ihre Webseite nicht den gewünschten Umsatz erzielt oder nicht genügend Anfragen von neuen Kunden bringt, können Sie jetzt aktiv an der Verbesserung Ihrer Situation arbeiten.

Ist das nicht schön? Anstatt dem Zufall ausgeliefert zu sein, können Sie jetzt endlich damit beginnen, Ihre Webseite gezielt in Richtung Erfolg zu lenken.

Holen Sie sich die Kontrolle zurück. Nutzen Sie Ihren wöchentlichen Termin zur Erfolgsproduktion. Genau dadurch wird Ihre Webseite erfolgbar und schon bald extrem erfolgreich werden.

Apropos erfolgreich. Wir haben in unserer Agentur ein PDF herausgegeben, in dem wir behaupten, 200% Umsatzsteigerung innerhalb von 6 Monaten ist in fast jedem Online Shop machbar. Was wurden wir von einigen Mitbewerbern belächelt und auch auf Facebook schlecht gemacht.
Aber es ist echt machbar.

4. „Traffic“: Viele, viele neue Besucher für Ihre Webseite mit höchstem Interesse an Ihrem Angebot

Sie fragen sich jetzt vielleicht: „Ok. Jetzt weiß ich, wie ich meine Webseite an die Vorlieben meiner Interessenten anpasse. Nur wie bringe ich jetzt genug Interessenten auf meine Webseite, um daraus ein Monatseinkommen zu generieren ?“

„Die beste Webseite ohne Besucher bringt Ihnen nichts. Genauso wenig wie die beste Webseite mit den falschen Besuchern.“

Das Thema „Webseitenbesucher“ ist ein ganz ein heißes Thema. Gerade zu Beginn wird oft der Fehler gemacht, dass man versucht möglichst viele Besucher für möglichst wenig Geld auf die Webseite zu holen. Im schlimmsten Fall geben Sie sogar viel Geld für bezahlte Werbung aus und haben am Ende Tausende Besucher auf Ihrer Webseite, die keinerlei Interesse an Ihrem Angebot haben.

Sie haben bereits die notwendige Vorarbeit geleistet. Sie wissen exakt welchen Wunsch sich Ihr zukünftiger Kunde durch Ihr Angebot erfüllen möchte bzw. welches Problem Ihr Angebot für Ihre Interessenten löst.

Nun geht es darum, die zweite Schlüsselfrage zu beantworten:

Schlüsselfrage #2: „Wie finde ich genau die Menschen, die das Problem haben das ich mit meinem Angebot lösen kann.“

Anmerkung: Wenn ich im folgenden von „Anzeigen“ oder „Werbung“ spreche, dann meine ich damit sowohl bezahlte Werbeanzeigen als auch kostenlose Werbung, die Sie (z. B. über Facebook oder Google) für Ihre Webseite machen können. Diese kostenlose Werbung kostet übrigens Ihre Zeit!

Befolgen Sie in der Bewerbung Ihrer Webseite mindestens die folgenden drei Regeln und es kann eigentlich nicht mehr viel schief gehen:

1. Holen Sie sich gezielt die richtigen Besucher auf Ihre Webseite. Lernen Sie dazu die Grundlagen von bezahlter Werbung (z. B. im Begleitkurs zu diesem Buch). Nur so können Sie sicherstellen, dass Sie die richtigen Besucher für Ihre Webseite erreichen und nicht viel Geld für viele uninteressierte Besucher bezahlen.

2. Bereiten Sie jeden neuen Besucher Ihrer Webseite gut auf den Besuch vor. Stellen Sie bereits in Ihren Anzeigentexten oder Ihren Facebook-Postings ganz klar in Aussicht, was den Besucher auf Ihrer Webseite erwarten wird. Je besser die Besucher bereits vor dem Besuch Ihrer Webseite darüber informiert werden, was sie erwartet, desto größer wird deren Aktionsbereitschaft auf Ihrer Webseite sein.

3. Erfüllen Sie die in den Anzeigen geweckten Erwartungen anschließend auf Ihrer Webseite. Wenn Sie etwas in Ihren Anzeigentexten versprechen, dann halten Sie dieses Versprechen auf Ihrer Webseite. Wenn sich Ihre Anzeige auf ein bestimmtes Thema bezieht, dann sollte auch genau dieses Thema auf der Webseite besprochen werden.

Man spricht hier von der „Durchgängigkeit der Nutzererfahrung“.
Die Wichtigkeit dieser Durchgängigkeit kann nicht oft genug betont werden.

Ohne diese Durchgängigkeit wird Ihre Werbung sehr schnell sehr teuer und Ergebnisse stellen sich – wenn überhaupt – nur in seltenen Fällen ein.

Am einfachsten starten Sie damit, dass Sie die Überschrift Ihrer Werbeanzeige und die Überschrift der Webseite, auf die Sie verlinken, nahezu identisch halten. So erkennt der Besucher sofort im ersten Moment, dass er genau dort gelandet ist, wo er hin wollte.

Die Schlüsselfragen im Einsatz

Mittlerweile sollten Sie erkannt haben, wie diese beiden Fragen Ihnen den Weg zu mehr Erfolg über Ihre Webseite weisen? Immer wenn Sie eine Entscheidung über eine Werbeaktion oder eine Änderung an Ihrer Webseite treffen müssen, sollten Sie sich diese zwei Fragen stellen. So werden viele Entscheidungen um einiges einfacher.

Traffic: Qualität vor Quantität

Bewerten Sie die Qualität einer Besucherquelle oder Werbekampagne bitte nie alleine darüber, „wie viele" Besucher Sie über diese jeden Monat erhalten. Viel entscheidender ist die Frage, „wie interessiert" sind diese Besucher an Ihrem Angebot?

Nur wenn Sie sich die RICHTIGEN Besucher auf Ihre Webseite holen, nur dann werden Sie auch positive Ergebnisse sehen.

Genauso wie Sie Ihre Webseite nicht „aus dem Bauch heraus" beurteilen sollten und stattdessen die Zahlen zur Bewertung nutzen, genauso sollten Sie auch bei der Bewertung Ihrer Besucherquellen und Werbekampagnen immer die Zahlen sprechen lassen.

Welche Zahl eignet sich zur Bewertung der Qualität Ihrer Besucherquellen und Werbekampagnen?

Haben Sie die „RICHTIGEN" Besucher auf Ihre Webseite geholt? Besucher mit großem Interesse an Ihrem Angebot?

Kommen Ihre Besucher mit den richtigen Erwartungen auf Ihre Webseite? Oder erwarten Ihre Besucher vielleicht etwas völlig anderes?

Zur Beantwortung dieser Fragen gibt Ihnen Ihre Webseiten-Statistik die exakten Antworten. Sie brauchen nicht länger „raten", woher Sie die passenden Besucher für Ihre Webseite bekommen. Ab sofort sehen Sie ganz genau, über welche Besucherquelle die Besucher kommen, die das größte Interesse an Ihrem Angebot haben.

Kennzahl 1 zur Bewertung Ihrer Webseitenbesucher: CTR

Im besten Fall beginnen Sie die Bewertung Ihrer Besucher bereits noch vor dem Besuch Ihrer Webseite.

Alle Werbenetzwerke wie z. B. Google AdWords oder FacebookAds, Plista, Ligatus, YouTube u.+ v. a. liefern Ihnen unfassbar wertvolle Daten über das Interesse der Menschen, die Ihre Werbung zu sehen bekommen.

So können Sie z. B. innerhalb von Stunden erkennen, welche Werbeanzeige oder welche Überschrift am besten bei Ihren Interessenten ankommt. Sie können so z. B. zwei unterschiedliche Nutzen-Versprechen in der Überschrift Ihrer Anzeige verwenden. Die Überschrift, die dann am meisten Klicks erhält, ist der „Gewinner". Diese Information können – und sollten Sie – auf alle Fälle dazu nutzen, Ihre Webseite entsprechend anzupassen.

Sie sollten genau deshalb bezahlte Werbung ganz gezielt dazu einsetzen, die Vorlieben Ihrer Interessenten kennenzulernen.

So. Genug geschwärmt von den Vorteilen bezahlter Werbung. Eigentlich wollte ich Ihnen ja die erste Kennzahl geben, anhand derer Sie Ihre Besucher bewerten können.
Innerhalb der Werbenetzwerke gibt es eine Kennzahl, die Ihnen direkt über das Interesse der Menschen Auskunft gibt. Die sogenannte „Durchklickrate" zeigt Ihnen an, welche Ihrer Anzeigen am meisten Interesse erregt hat.

Die „Durchklickrate" zeigt Ihnen, wie viele Menschen Ihre Werbung gesehen haben und wie viele davon dann auch tatsächlich auf Ihre Werbeanzeige geklickt haben.

[Begriffserklärung]: Anstatt Durchklickrate verwendet man in der Praxis oft das Kürzel „CTR" um die Durchklickrate zu beschreiben. CTR steht für „Click through rate". Was genau soviel bedeutet wie Durchklickrate, nur eben auf Englisch.

Wenn z. B. 100 Menschen Ihre Werbeanzeige gesehen haben und 10 Menschen dann auch auf Ihre Werbeanzeige klicken, dann haben Sie eine Durchklickrate von 10 %. Im Detail für die Mathe-Freaks unter Ihnen: 10 Klicks von 100 Einblendungen, oder 10/100 ergibt 10 %.

Klingt zwar jetzt alles ein wenig nach Mathematik. Das Ganze hat aber mit „Mathe" überhaupt nichts zu tun. Merken Sie sich einfach: Hohe CTR gut, niedrige CTR eher schlechter.

Wenn nun eine andere Ihrer Werbeanzeigen – in der Sie z. B. eine andere Überschrift verwendet haben – nur 2 Menschen von 100 zu einem Klick auf die Anzeige verleiten kann, dann haben Sie eine CTR von 2 %. Sie holen also im Vergleich mit dieser Anzeige „keinen müden Hund hinter dem Ofen hervor".

4. „Traffic“: Viele, viele neue Besucher für Ihre Webseite mit höchstem Interesse an Ihrem Angebot

Ihr Nutzenversprechen gezielt schärfen

Wenn Sie nun in den ersten Kapiteln dieses Buches Ihre Hausaufgaben gemacht haben, dann können Sie ab sofort damit beginnen, Ihr „Nutzenversprechen“ (das Sie ja sicherlich bereits mit Anleitung aus dem passenden Kapitel am Anfang erstellt haben) genau an die Vorlieben Ihrer Interessenten und zukünftigen Webseitenbesucher anzupassen.

Praxis-Tipp:

Ein zusätzlicher und oft unterschätzter Vorteil von bezahlter Werbung ist der, dass Sie sich exakt aussuchen können, wer Ihre Werbung zu sehen bekommt. Die Werbenetzwerke erlauben Ihnen, dass Sie sich Ihre Zielgruppe exakt auswählen.

So können Sie sich Ihre Zielgruppe exakt auswählen und Ihre Werbung wird nur genau den Menschen angezeigt, die auch das größte Interesse an Ihrem Angebot haben.

KOMMENTAR RALF SCHMITZ

„Das Nutzerversprechen ist eines der Hauptargumente mit denen man einen Besucher der Webseite als Leser oder aber auch als Kunden gewinnt. Hier gibt es hervorragende Strategien um das exakt herauszufinden. Das Nutzerversprechen muss vor allem dem Besucher gefallen. Er muss eine Aktion ausführen und nicht Sie selbst. Die meisten Betreiber einer Webseite, Onlineshop etc. gehen immer von sich selbst aus. Immer wieder mache ich die Erfahrung das Headlines, Bilder dem Inhaber der Webseite gefallen müssen. Das ist aber am Ende der falsche Weg. Wenn mir die Headline und das Nutzerversprechen nicht gefallen, aber der Kunde kauft dann ist es das richtige Nutzerversprechen. Was richtig und falsch ist findet man

ganz schnell mit einer einfachen Umfrage heraus oder aber mit einem Splittest. Und wie gesagt immer davon ausgehen was der potentielle Kunde möchte und nicht was einem selbst gefällt. Oftmals ist es nämlich genau das falsche Nutzerversprechen das man dann gibt. Conversion und Gewinn - Ade."

Genau darum sind die beiden mächtigsten Werbenetzwerke der Welt auch die mit am höchsten bewerteten Unternehmen in der Wirtschaftsgeschichte: Google und Facebook. Je mehr Informationen ein Netzwerk über die Wünsche und Probleme seiner Nutzer hat, desto wertvoller ist es für Werbetreibende, wie Sie einer sind oder hoffentlich bald sein werden.

Das Henne- und Ei-Problem lösen

Dieser Vorteil alleine ist schon groß genug, dass Sie sich mit dem Thema „bezahlte Werbung" intensiver auseinandersetzen sollten. Warum? Ganz einfach: Sie können sich dann sicher sein, dass die Besucher Ihrer Webseite tatsächlich auch Interesse an Ihrem Angebot haben.

Bei „nicht bezahlter" Werbung (z. B. Posts in Gruppen auf Facebook etc.) können Sie sich bei weitem nicht so genau aussuchen, wer Ihre Werbung zu sehen bekommen soll.

Sie holen sich vielleicht eine ganze Schar von Menschen auf Ihre Webseite, die vielleicht überhaupt kein Interesse an Ihrem Angebot haben. Das Problem daran: Sie werden im nächsten Kapitel damit beginnen, Ihre Webseite gezielt weiter an die Vorlieben Ihrer Besucher anzupassen, um immer erfolgreicher damit zu werden.

Wenn Sie nun aber die Qualität und das Interesse Ihrer Webseitenbesucher nicht garantieren können, dann können Sie auch nicht damit beginnen, Ihre Webseite zu optimieren.

Warum? Ganz einfach. Im schlimmsten Fall haben Sie 1.000 Besucher am Tag auf Ihrer Webseite, die allesamt kein wirkliches Interesse an Ihrem Angebot haben. Wenn Sie in dieser Situation damit beginnen würden, Ihre Webseite anhand der Vorlieben Ihrer Besucher anzupassen (wie im nächsten Kapitel beschrieben), dann würden Sie Ihre Webseite komplett „kaputt optimieren". Sie würden versuchen, Ihre Webseite so anzupassen, dass Sie genau den Menschen am besten gefällt, die an Ihrem Angebot überhaupt kein Interesse haben.

Das führt dann wieder dazu, dass Ihre Webseite den Menschen die eigentlich sehr großes Interesse hätten, nicht mehr gefallen wird. Sie haben zwar an Ihrer Webseite viel geändert, aber keine der Änderungen würde den gewünschten Erfolg bringen.

So lange Sie also die Qualität und das Interesse Ihrer Webseitenbesucher nicht garantieren können, dann sollten Sie schnellstmöglich versuchen, das zu ändern.

Ansonsten sitzen Sie in einem Teufelskreis gefangen: Ist nun Ihre Webseite schlecht oder Ihre Besucher?
Eigenwerbung: Einen guten Einstieg in das Thema bietet der Begleitkurs zu diesem Buch.

Also: Keine Angst vor bezahlter Werbung. Vor allem dann, wenn Sie Ihre Webseite gerade eben erst an den Start gebracht haben. Selbst wenn Sie noch ein kompletter Neuling im „Online-Marketing" sind. Gerade dann wird oft der Fehler begangen, dass versucht wird „Geld zu sparen" und möglichst viele Besucher für möglichst geringe Kosten auf die Webseite zu holen.

Wie Sie ja bereits wissen, ist die Anzahl der Besucher das einzige Kriterium, das eigentlich keinerlei Aussagekraft für Sie und Ihren Webseitenerfolg hat.

Das Einzige was wirklich zählt, ist die Aufmerksamkeit und das Interesse der Besucher, wenn Sie auf Ihrer Webseite gelandet sind. Wie so oft ist es auch beim Traffic: „Das was nichts kostet, ist auch meist nichts wert."

Bezahlte Werbung ist „zu teuer"

Lassen Sie mich kurz Schluss machen mit einem Gedankenfehler, der viele Webseitenbetreiber vom großen und automatisierten Erfolg abhält.

Oft wird bezahlte Werbung gescheut, schlichtweg weil man meint: „Kostet was: Ist also teuer."

Gegenargument 1: 1 Euro investiert, 100 Euro Gewinn. Teuer oder nicht? Tja. Die Antwort liegt auf der Hand. Ausschlaggebend ist nicht die Frage: „Wie viel kostet der Traffic?", sondern „wie viel bringt der Traffic?". Daher werden wir uns in einem späteren Kapitel noch mit dem Thema „Erfolgsmessung von bezahlter Werbung" beschäftigen. Dort werde ich Ihnen dann zeigen, wie Sie sicherstellen, dass Sie mit Ihrer bezahlten Werbung nicht nur „viele Besucher", sondern „viel Gewinn" machen werden.

Gegenargument 2: Sie brauchen keine 1000 € zu investieren. Sie können die oben beschriebenen Vorteile (1. Auswahl der exakten Zielgruppe, und 2. Interesse gezielt erkennen und lenken) auch bereits ab 50 € oder 100 € nutzen.
Sie müssen nicht über viele Monate lang mehrere tausend Euro investieren. Ausschlaggebend ist nicht die Höhe Ihres Werbebudgets, sondern die gekonnte Umsetzung der bezahlten Werbung. Daher möchte ich nochmal dringend dazu raten, dass Sie nicht länger in der „kostenlos–Falle„ gefangen bleiben, was den Traffic betrifft. Sondern dass Sie sich in diese Richtung weiterbilden und Ihren Webseitenerfolg auf „Turbo" schalten.

Kennzahl 2 zur Bewertung Ihrer Webseitenbesucher: AR

Keine Sorge. Selbst wenn es der „Königsweg" schlechthin ist: Sie müssen nicht unbedingt Geld ausgeben, um die Qualität Ihrer Besucher zu garantieren. Selbst wenn die bezahlte Werbung Ihnen eine (extrem gute) Abkürzung hierzu bietet, müssen Sie kein Geld ausgeben.

Ich möchte Ihnen daher jetzt noch eine zweite Möglichkeit vorstellen, wie Sie auch mit nicht bezahlter Werbung die Besucherquellen kennenlernen können, über die Sie tatsächlich Menschen mit höchstem Interesse an Ihrem Angebot finden können.

Die Kennzahl zur Bewertung der Besucher, die auf Ihrer Webseite ankommen, heißt: „Absprungrate". Über die Absprungrate erkennen Sie, wie hoch die Aufmerksamkeit dieser Besucher ist, wenn Sie zum ersten Mal auf Ihrer Webseite ankommen.

Wenn Sie z. B. 100 Besucher über Facebook auf Ihre Webseite holen und 99 davon verlassen sofort innerhalb der ersten zehn Sekunden wieder Ihre Webseite, dann war die Aufmerksamkeit überhaupt nicht gegeben.

Dies kann nun zwei Gründe haben:
1) Diese Besucher waren falsch ausgewählt. Diese Besucher waren nicht genügend auf das vorbereitet, was sie dann auf Ihrer Webseite zu sehen bekamen. Diese Besucher waren vollkommen uninteressiert an Ihrem Angebot.

Oder
2) Die Besucher waren genau die Menschen, die eigentlich tatsächlich Interesse an Ihrem Angebot hatten. Nur ist leider Ihre Webseite absolut ungeeignet, dieses Interesse zu nutzen. Ihre Webseite ist also schlecht.

Dies veranschaulicht noch einmal das „Henne- oder Ei-Problem„, von dem ich vorhin gesprochen hatte.

Anmerkung: Ein letztes Mal, ich kann es mir nicht verkneifen: Mit gut ausgewähltem bezahlten Traffic wäre Ihnen das nicht passiert :)

Gehen wir einfach mal davon aus, dass Sie den „bezahlter-Traffic-ist-super"-Vorteil jetzt erkannt haben und ab sofort nur noch top ausgewählte und interessierte Besucher auf Ihrer Webseite haben.

Aufmerksamkeit und Interesse und nicht die „Conversion" wird optimiert

Wenn man für gewöhnlich über die Optimierung einer Webseite spricht, dann kommen immer wieder Dinge wie „Conversion-Optimierung" und „Split-Testing" zur Sprache. Und vor beiden möchte ich Sie an dieser Stelle warnen.

[Begriffserklärung]: Conversion heißt eigentlich „Wandlung". Ihre Webseite muss eigentlich zu einem „Wandlungs-Künstler" werden. Ein neuer Besucher muss mehrere dieser „Wandlungen" durchmachen, bevor er dann tatsächlich auf Ihrer Webseite tätig wird.
Ein neuer Besucher muss erst einmal davon abgehalten werden, Ihre Webseite sofort wieder zu verlassen. Sie müssen es schaffen, die „Aufmerksamkeit" des Nutzers zu halten. Anschließend muss der Besucher zu einem „Interessenten" gewandelt werden. Erst dann kann er von einem „Interessenten" dazu gewandelt werden, auch auf Ihrer Webseite aktiv zu werden.

Es sind also drei Wandlungen notwendig.
Conversion #1: Besucher → Aufmerksamkeit
Conversion #2: Aufmerksamkeit → Interesse
Conversion #3: Interesse zur gewünschten Aktion (die „finale Conversion", die meistens gemeint ist, wenn man allgemein von „Conversion" spricht)

Viel zu oft wird mit dem Wort „Conversion-Optimierung" einzig und alleine die gewünschte Aktion (Kauf, Eintrag in Ihre Liste, Klick auf Affiliate-Links) gemeint. Diese Aktion lässt sich allerdings nur sehr schwer direkt beeinflussen. Daher sind auch die meisten Versuche von „Conversion-Optimierung“ nicht erfolgreich.

Der Nutzer wird sich nur dann zur gewünschten Aktion überreden lassen, wenn die zwei dazu nötigen Grundvoraussetzungen gegeben sind: „Aufmerksamkeit“ und „Interesse“.

Fokussieren Sie also ab heute 90 % Ihrer Zeit und Ihres Aufwandes darauf, dass Sie die Aufmerksamkeit und das Interesse Ihrer Webseitenbesucher optimieren. Die gewünschte Aktion: Ihre „finale Conversion“ wird sich dann als logische Folge ganz von alleine und wie von Geisterhand immer weiter verbessern.

Zudem ist die Verbesserung der Aufmerksamkeit und die Steigerung des Interesses Ihrer Besucher um ein Vielfaches einfacher als die Verbesserung Ihrer „finalen Conversion-Rate“.

Vor allem wenn Sie in den ersten Kapiteln des Buches Ihre Hausaufgaben gemacht haben, wird Ihnen die gezielte Steigerung von Aufmerksamkeit und Interesse sehr leicht fallen.

So. Wieder ist es passiert. Vor Begeisterung abgeschweift :)
Es war mir aber wichtig, ein für allemal aufzuräumen mit den falsch genutzten Begriffen und der zerstörerisch falschen Definition der „Conversion-Optimierung“.

Die Absprungrate als Zeichen der Aufmerksamkeit

Denken Sie immer daran: Ihre Webseite ist in Wirklichkeit erst einmal nur eins: Eine Ablenkung für Ihre Webseitenbesucher. Erinnern Sie sich einfach mal an die Situation, wenn Sie selbst im Internet unterwegs sind. Sie sind z. B. gerade auf Facebook unterwegs und lesen sich durch Ihren Newsfeed. Von einem Post zum nächsten. Plötzlich schnappt sich ein bestimmter Post Ihre Aufmerksamkeit. Aus was für einem Grund auch immer.

Sie bleiben an einem bestimmten Post kurz hängen. Sie lesen sich die Überschrift durch – und klicken. Mehr oder weniger spontan und aus einem „Impuls" heraus.

Sie überlegen nicht lange. Sie klicken einfach. Denn selbst wenn die Seite, die sich gleich öffnet, nichts für Sie ist, dann können Sie in wenigen Millisekunden wieder auf den „Zurück"-Button klicken und sind wieder hier auf Facebook. Also wird geklickt.

Dann öffnet sich die Webseite. Ihre Aufmerksamkeit ist noch mit einer Hälfte des Gehirns auf Facebook. Sie schnuppern bloß mal kurz auf die Webseite, um zu sehen, was dort geboten ist.

Wenn sich dann innerhalb der ersten fünf Sekunden nicht sofort etwas zeigt, was Sie vom Hocker haut – etwas, was wirklich Ihre Aufmerksamkeit an sich reißt, dann sind Sie wieder weg. Auf Nimmerwiedersehen. Goodbye und Ciao.

Genauso geht es jedem einzelnen Besucher Ihrer Webseite. Ablenkung und Aufmerksamkeit befinden sich im ständigen Kampf. Jeder neue Besucher kommt – den Kopf voll mit Ablenkungen – auf Ihre Webseite. Die erste und wichtigste Aufgabe ist es daher: Die Aufmerksamkeit des Besuchers auf Ihrer Webseite zu halten.

Sie müssen daher direkt mit Ihrem größten Vorteil in der Überschrift Ihrer Webseite punkten. Machen Sie unmissverständlich klar, warum der Besucher Ihnen seine Aufmerksamkeit schenken sollte.

Die Überschrift als Aufmerksamkeits-Magnet

Was Sie nicht in Ihrer Überschrift schreiben, wird von 50 % Ihrer Besucher niemals wahrgenommen werden. Denn im Schnitt verschwinden mehr als 50 % der Besucher einer Webseite bereits nachdem die Überschrift gelesen wurde.

Somit ist die Überschrift das erste und wichtigste Element zur Beeinflussung der Aufmerksamkeit Ihrer Webseitenbesucher. Nutzen Sie diese eine Chance, die Sie mit den meisten Besuchern Ihrer Webseite haben. Nutzen Sie die Überschrift und beschreiben Sie sofort den Wunsch, den Ihre Besucher haben, und zeigen Sie unmissverständlich, wie und warum Ihr Angebot und Ihre Webseite den Besucher seinem Wunsch ein Stück näher bringen können.

Nur dann, wenn Ihre Überschrift sofort und ohne Missverständnisse klar macht, was der Nutzen und der Vorteil für den Besucher ist, wenn er weitere 10 Sekunden auf Ihrer Webseite bleibt. Nur wenn Ihnen das mit Ihrer Überschrift gelingt, dann wird er auch weitere 30 Sekunden bleiben und damit beginnen, den Text zu lesen oder sich das Begrüßungsvideo anzusehen.

Erkennen Sie jetzt, warum die Worte „Willkommen auf unserer Webseite“ ein absoluter Aufmerksamkeits-Killer sind? Erkennen Sie jetzt, warum der Punkt „Über uns“ nichts in der Haupt-Navigation Ihrer Webseite verloren hat?

Auf Ihrer Webseite geht es nicht um „uns“. Auf Ihrer Webseite geht es um SIE und IHRE VORTEILE und IHR NUTZEN und IHR WUNSCH. Die komplette Sprache auf Ihrer Webseite muss sich einzig und allein auf den Besucher beziehen.

[Viele weitere Hemmschwellen schaffen Sie auf Ihrer Webseite aus dem Weg, wenn Sie sich das Bonus-Kapitel zum Aufbau Ihrer Webseite – am Schluss des Buches – aufmerksam durchlesen.]

Jetzt das Interesse der Besucher gezielt steigern

Kennzahl Nummer 1: Die Verweildauer des Besuchers als Zeichen für sein Interesse

Nachdem Sie durch das passende Nutzenversprechen in der Überschrift die Aufmerksamkeit des Besuchers für mehr als fünf Sekunden auf Ihrer Seite halten konnten, ist es jetzt an der Zeit diese Aufmerksamkeit nicht zu verschwenden.

Im Folgenden muss Ihre Webseite genügend Interesse beim Besucher auslösen, damit er weitere 10–30 Sekunden auf Ihrer Seite bleibt. Dies ist Voraussetzung dafür, dass er den vollen Nutzen Ihres Angebotes erkennt und versteht, wie Ihr Angebot ihm dabei helfen wird, seinen Wunsch zu erfüllen.

Je mehr Zeit der Besucher auf Ihrer Webseite verbringt, desto mehr Möglichkeiten haben Sie, ihn von Ihrem Angebot zu überzeugen. Ganz einfach.

[Begriffserklärung: Verweildauer. Die Zeit, die ein Besucher auf Ihrer Webseite verbringt, bevor er das Browserfenster schließt, weil er gerade keine Zeit mehr hat, sich mit Ihrer Webseite zu beschäftigen, oder weil er Ihre Webseite verlässt. Entweder über den „Zurück"-Knopf im Browser oder über einen Link auf Ihrer Webseite. Das Ende eines Besuches auf Ihrer Webseite muss nicht unbedingt heißen, dass der Nutzer kein Interesse mehr an Ihrem Angebot hat, sondern einfach, dass er momentan noch nicht bereit für eine weitere Aktion ist. Siehe hierzu dann die nächste Kennzahl zu den wiederkehrenden Besuchen.]

Eine steigende Verweildauer der Besucher zeigt also, dass Sie auf dem richtigen Weg sind und die Inhalte mittlerweile so angepasst haben, dass Sie das Interesse Ihrer Besucher wecken.

Kennzahl Nummer 2: Wiederholte Besuche als Anzeichen für steigendes Interesse

Die wenigsten Entscheidungen, die ein Besucher auf Ihrer Webseite treffen wird, trifft er direkt am ersten Tag und bei seinem ersten Besuch Ihrer Webseite.

Abhängig von zwei Dingen können bis zu 180 Tage (6 Monate) vergehen, bis der Besucher sich für eine Handlung auf Ihrer Webseite entscheidet.

a) **Vertrauen**
Je mehr Vertrauen notwendig ist, um die von Ihnen gewünschte Hand lung auszuführen, desto länger wird der Besucher brauchen, bis er sich für Ihr Angebot entscheiden kann.

a) **Preispunkt**
Selbstverständlich vergeht weit weniger Zeit, wenn Sie lediglich eine Email-Adresse im Austausch für den Download eines hochwertigen E-Books verlangen, als wenn Sie gleich beim ersten Besuch möchten, dass der Besucher Ihnen 360 € für eine Beratungsstunde überweist.

Es wird genau die Webseite am meisten Umsatz machen, die es verstanden hat, die Zeit vom ersten Besuch bis zur Handlungsbereitschaft des Besucher gekonnt zu begleiten.

Email-Marketing und Remarketing sind hier die beiden Werkzeuge der Wahl. Abgesehen davon, dass der Aufbau einer eigenen Email-Marketing-Liste für jeden Webseitenbetreiber zum Pflichtprogramm gehört, gibt es eindeutige Hinweise in Ihren Webseitenstatistiken, die Ihnen unmissverständlich aufzeigen, ob hier vielleicht eine Ihrer Schwachstellen liegt.

Wichtig zu wissen:
Wie viele Tage vergehen vom ersten Besuch Ihrer Webseite bis zur Handlung durch den Besucher?

Dieser Zeitraum vom ersten Besuch bis zur Handlung gibt Ihnen einen wichtigen Hinweis darauf, wie lange Sie den Besucher begleiten müssen, um den maximalen Effekt zu erzielen.

Die Anzahl der Kontakte, die Sie in diesem Zeitraum mit dem Kunden haben sollten, ist immer gleich und liegt bei ca. 35 Kontakten während der kompletten Kontaktzeit.

Wenn Sie also feststellen, dass Ihre Benutzer vom ersten Besuch bis zum Kauf auf Ihrer Seite 35 Tage benötigen, dann sollten Sie den Nutzer in dieser Zeit auch 35 Mal erreichen. Also einmal pro Tag.
Wenn der komplette Zeitraum aber nur 7 Tage beträgt, dann dürfen Sie auch die Häufigkeit Ihrer Werbekontakte erhöhen. 35 Kontakte geteilt durch 7 Tage sind 5 Kontakte pro Tag.

„Kontakte" heißt nicht unbedingt, dass Sie jeden Besucher persönlich fünf Mal pro Tag kontaktieren sollten, sondern dass er Ihre Werbebotschaft*, Ihr Logo oder Ihren Namen bis zu fünf Mal am Tag zu sehen bekommt. Egal ob über Werbeanzeigen auf Facebook, Ihre Bannerwerbung im „Display-Netzwerk" (von Google), über eins Ihrer Videos auf YouTube oder durch eine Email/Newsletter von Ihnen.
[Denken Sie daran: Problemlösung, Vorteile und erhoffter Zustand müssen klar kommuniziert werden.]*

Und immer daran denken: Es gilt in dieser Phase das Vertrauen aufzubauen. Das Vertrauen in die Fähigkeiten Ihres Angebotes den Wunsch des Nutzers wahr werden zu lassen, eines seiner Probleme zu lösen oder ihn einen Schritt weiter auf diesem Weg zu begleiten.

Gezielte Steigerung von Aufmerksamkeit, Interesse und das Vertrauen Ihrer Webseitenbesucher

Jetzt wissen Sie, wie aufmerksam die Besucher Ihrer Webseite sind. Im nächsten Schritt werden Sie diese Aufmerksamkeit gezielt steigern, Interesse wecken und im Interessenten das notwendige Vertrauen entwickeln, damit er dann auch kauft.

Welche Mittel stehen Ihnen zur Verfügung, mit denen Sie die Aufmerksamkeit und das Interesse gezielt steigern können? Geht das überhaupt? Und wenn ja: Wie?

Denken Sie immer daran: Die „Conversion-Optimierung" Ihrer Webseite (für mehr Käufe, Einträge in Ihren Newsletter, mehr Downloads oder Klicks auf Ihre Affiliatebanner) erledigt sich ganz einfach von selbst, wenn Sie sich im ersten Schritt auf die Steigerung von Aufmerksamkeit und Interesse Ihrer Webseite konzentrieren.

Aufmerksamkeit gezielt steigern

Hier zeigt sich sehr schnell, ob Ihre Vorarbeit* gründlich genug war. Hier beginnt Ihre tatsächliche Arbeit als Online-Unternehmer und Online-Kundenbeschaffer für Ihr eigenes Dienstleistungsgeschäft. Der von Ihnen erarbeitete Nutzen (siehe „Nutzenversprechen" in früheren Kapiteln) wird zum ersten Mal dem „Wunsch" der Webseitenbesucher gegenübergestellt.

[*Kenntnis über das Problem und den Wunsch des Kunden, Erarbeiten von mehreren Nutzenversprechen, die exakt den Nutzen Ihres Angebotes für den Kunden auf den Punkt bringen.]

Die ersten Tage einer neuen Webseite – oder die ersten Tage der Messung auf einer bestehenden Webseite – sind immer die spannendsten. Der Moment in dem die ersten Zahlen eintreffen. Das ist vergleichbar mit der Zeugnisvergabe in der Schule. Ein fesselnder Moment.

Mit den ersten Zahlen zur „Aufmerksamkeit" erkennen Sie den IST-Zustand Ihrer Situation. Sie wissen endlich, wie Sie die Aufmerksamkeit noch weiter steigern können:

- Bleiben die Besucher aufmerksam auf der Seite oder verschwinden diese immer gleich nach fünf Sekunden wieder?
- Verstehen die Besucher die Überschrift?
- Ist Ihr Nutzenversprechen in der Überschrift (oder Unter-Überschrift) klar genug ausgedrückt?

Anhand dieser Zahlen erkennen Sie exakt, an welcher Stelle auf Ihrer Webseite Sie noch nachbessern müssen. Sie beginnen damit, die Schwachstellen Ihrer Webseite kennenzulernen. So können Sie genau dort Ihre Zeit investieren, wo auch eine spürbare Verbesserung auf Sie wartet.

Praxis-Tipp:

Machen Sie bitte nicht den Fehler und beginnen Sie nach einem ersten kurzen Blick auf die „Aufmerksamkeits-Zahl" Ihrer Webseite sofort mit irgendwelchen Änderungen. Nehmen Sie in den ersten vier Wochen am besten noch gar keine Änderungen vor. Warten Sie vier Wochen lang ab. Erst dann können Sie auch eine Entwicklung der Aufmerksamkeit erkennen. Wir Menschen verhalten uns am Anfang des Monats ganz anders als am Ende des Monats. Wir verhalten uns montags anders als freitags und in den Ferien noch ein ganzes Stückchen anders als sonst. Warten Sie also einen ganzen Monat ab. Dann können Sie sich einen ersten Eindruck davon verschaffen, wie hoch die Aufmerksamkeit Ihrer Besucher wirklich ist.

Die regelmäßige Überprüfung und Anpassung ist der Schlüssel zum Erfolg

Diese Auswertung und Beobachtung der Aufmerksamkeit (und jeder anderen Kennzahl, die wir noch behandeln werden) wird ab sofort jede Woche wiederholt. Am besten tragen Sie sich gleich einen festen Termin in Ihren Kalender ein. Dann wenn Sie etwas Ruhe haben. Bei mir ist das immer Freitagmorgen zwischen 8 und 9 Uhr.

Ab dem Moment, in dem Sie das Messen der Aufmerksamkeit Ihrer Besucher beginnen, starten Sie automatisch die gezielte Lenkung und Steigerung der Aufmerksamkeit.

Denn jetzt können Sie damit beginnen, die Kennzahlen direkt zu verbessern. Natürlich verbessern Sie nicht die „Kennzahlen“ selbst, sondern Sie verändern das Verhalten der Besucher auf Ihrer Webseite dadurch, dass Sie z. B. eine andere Überschrift nutzen (und ein alternatives Nutzenversprechen oder einen anderen Wunsch des Besuchers dort aufgreifen). In der kommenden Woche erkennen Sie dann an der „Aufmerksamkeits-Zahl“ Ihrer Webseite, wie diese Änderung bei Ihren Besuchern angekommen ist. Steigt die Aufmerksamkeit? Oder sinkt sie sogar?

So sind auch „sinkende“ Zahlen endlich ein Grund zur Freude. Denn auch sinkende Zahlen bringen Ihnen Klarheit. Ihre Besucher teilen Ihnen dadurch direkt mit: „So bitte nicht.“ Das ist doch eine hervorragende Eigenschaft der Zahlen: Ihnen die Meinung der Webseitenbesucher zu übermitteln.

Ab sofort entscheiden Sie also über keine Änderung auf Ihrer Webseite nur mehr „aus dem Bauch heraus“, sondern Sie erfüllen die Wünsche Ihrer Besucher. Ihre gesamte Webseite wird dadurch um ein Vielfaches erfolgreicher werden.

Die Gefahr in dieser Phase: Oft lese ich Dinge auf Webseiten, die dort einfach nicht hingehören. Dinge wie z. B. „Herzlich willkommen auf unserer Webseite

...". Zudem wird dann noch im letzten Detail die Ausbildung & Qualifikation der Mitarbeiter gelobt. Das Produkt wird dann in kleinsten Einzelheiten beschrieben. Das Resultat ist immer – jedes einzelne Mal – dass die Webseitenbetreiber dann hilfesuchend bei uns in der Agentur anrufen. „Wir brauchen eine neue Webseite. Die Alte bringt keinen Erfolg". Meine Antwort ist auch jedes Mal dieselbe: „Die neue wird auch keinen Erfolg bringen".
Ganz einfach weil es nicht um die „Webseite" geht, sondern um die Inhalte auf der Webseite. Wenn ich eine unwohl riechende Substanz in ein anderes, neueres und viel hübscheres Gefäß fülle, dann bleibt sie nach wie vor unwohlriechend und niemand würde sie als Parfum verwenden.

Die einzige Gefahr, die in dieser Phase auf Sie lauert, ist, dass Sie Ihre „Hausaufgaben" aus den vorherigen Kapiteln noch nicht gemacht haben.

Quick-Tipp:

Wenn Sie mit einer sinkenden und dauerhaft niedrigen „Aufmerksamkeit" Ihrer Besucher zu kämpfen haben, dann konzentrieren Sie sich auf folgende Elemente und versuchen Sie über eine gezielte Anpassung die Aufmerksamkeit zu steigern:

- *Überschrift*
- *Unterüberschrift*
- *Bullet-Points, Auflistung des Nutzen/der Vorteile*
- *Handlungsaufforderung (Button-Beschriftung)*
  Zu aggressiv? Nicht klar genug? Das Nutzenversprechen in der Hand lungs-Aufforderung wiederholt?

Dies ist übrigens auch der optimale Aufbau einer jeden erfolgreichen Landing-Page.
Wenn Sie trotzdem in den nächsten Wochen auf keinen grünen Zweig kommen und Ihre Aufmerksamkeit weiter unter 30 % bleibt, dann sprechen Sie höchstwahrscheinlich mit Ihrer Werbung nicht genau die Menschen an, die an Ihrem Angebot auch Interesse haben.

Interesse gezielt steigern

Der Ablauf zur Steigerung des Interesses ist der gleiche wie zur Steigerung der Aufmerksamkeit. Auch hier ist die regelmäßige Wiederholung wichtig. Denn nur so bleiben Sie eng genug „am Ball" und nur so können Sie das Interesse Ihrer Besucher gezielt steigern.

Konkret geht es in dieser Phase darum, dass Sie die gewonnene Aufmerksamkeit jetzt: a) nicht schwinden lassen und b) im Kopf des Besuchers ein klares Bild davon entstehen lassen, wie die Welt aussehen wird, wenn er seinen Wunsch durch die Nutzung Ihres Angebotes erfüllt bekommt. Denn erst wenn der Besucher erkennt, wie ihm Ihr Angebot dabei helfen kann, seinem Ziel einen Schritt näher zu kommen, nur dann wird er sich weiter für Sie und Ihr Angebot interessieren.

Im Speziellen müssen „Handlungs-Hindernisse" und innere Blockaden des Besuchers aus dem Weg geräumt werden. Das klingt jetzt hochtrabend und extrem schwierig. Es ist aber völlig ausreichend, wenn Sie dem Besucher in 1–2 Absätzen klar machen:

- dass Sie wissen, wovor er gerade Bedenken hat und dass er sich darum keine Sorgen zu machen braucht
- dass er jedes Risiko vermeidet, wenn er mit Ihnen näher ins Gespräch kommt

Im Klartext könnte eine Passage Ihrer Webseite so lauten:

„Ich weiß, Sie haben das alles hier nicht zum ersten Mal gehört, haben es vielleicht schon mal probiert und bisher hat es nie geklappt.
Wir kennen diese Probleme mit anderen Verfahren/Produkten sehr gut (sind auch selbst schon mal mit einem Kauf auf die Nase gefallen).
Und genau deshalb haben wir XY ins Leben gerufen. Wir haben genau die Dinge verbessert, damit Sie es diesmal auch schaffen werden: a) b) c) d)
... und ich selbst würde auch nicht einfach so auf jeder Webseite das glauben, was geschrieben steht. Daher gebe ich Ihnen mein 100%-Geld-zurück-Verspre-

chen. Sie buchen heute Ihr Ticket zum Online-Workshop „Bezahlter Traffic – der dann auch kauft" – und entscheiden erst nachdem Sie teilgenommen haben, ob Ihnen das Ihr Geld wert war. Sogar bis zu zehn Tage nach dem Workshop können Sie Ihr Geld zurückverlangen. Zu 100 %. Ohne Wenn und Aber. Einfach eine Email an: abc@xyz.de

Sie räumen somit die innerlichen Hindernisse des Besuchers aus dem Weg, steigern das Interesse und ebnen den Weg für die Handlungsbereitschaft des Besuchers.

Fast haben Sie es geschafft. Sie sind bereits zu zwei Dritteln am Ziel. Nur noch eine Hürde auf dem Weg zum handlungsbereiten Besucher, die wir im nächsten Abschnitt aus dem Weg räumen werden.

Praxis-Tipp:

Wir Menschen sind nicht gerne die ersten, die etwas ausprobieren. Wir möchten uns sicher sein, dass schon viele Menschen vor uns das gleiche Angebot angenommen haben und damit positive Erlebnisse hatten. Ein wichtiger Hebel zur Steigerung des Interesses sind daher sogenannte „Testimonials" oder Kundenstimmen. Andere Menschen sprechen in einem Testimonial über die Erfahrung mit Ihrem Angebot und bezeugen die Ergebnisse aus erster Hand.

Der (vielleicht noch zweifelnde) Besucher Ihrer Webseite sieht so, dass auch andere Menschen die das gleiche Problem hatten wie er, von den Ergebnissen restlos überzeugt und begeistert sind.

„Wenn die das können, dann kann ich das auch" – ist der Gedanke, den Sie im Bewusstsein des Besuchers damit verankern.

Vertrauen gezielt steigern

Das Vertrauen in ein Angebot und den Anbieter ist absolute Voraussetzung dafür, dass im Internet gekauft wird. Der Interessent muss dem Angebot und dem Anbieter damit vertrauen, dass es auch die erhofften und gewünschten Ergebnisse bringt.

Mein heißester Tipp in diesem Kapitel: Geben Sie bitte diesem Prozess der Vertrauensbildung genug Zeit. Hier gibt es keine Abkürzungen. Ihre Kennzahlen (Tage bis zum Newsletter-Eintrag, Tage bis zum Kauf etc.) sind hier Ihre einzigen Orientierungspunkte. Sie können diesen Zeitraum nicht künstlich verkürzen. Das kann Ihrem Jahreseinkommen sogar sehr schädlich sein.

Die Gefahr in dieser Phase: Verfallen Sie also nicht in Uralt-Marketing-Taktiken und hauen Sie dem Nutzer nicht bei jeder Gelegenheit irgendein Sonderangebot um die Ohren.
Das Sonderangebot hilft weder Ihnen dabei, Ihr Business wachsen zu lassen, noch hilft es Ihrem Interessenten dabei, das Vertrauen Ihnen gegenüber aufzubauen.

Viel effektiver ist es für beide Seiten, wenn Sie Ihre Preise dort halten, wo sie sind und den Interessenten durch gesteigertes Vertrauen dazu bringen, den vollen Preis auch gerne zu bezahlen.
Richtig eingesetzt kann eine Sonderaktion natürlich Wunder wirken. Aber nicht jetzt. Nicht als Ersatz für das fehlende Vertrauen. Wenn Sie in dieser Situation auf einmal die Preise purzeln lassen, dann heißt das: „Ok. Ich hab leider keine Ahnung, was ich jetzt machen soll, um dein Vertrauen zu gewinnen. Daher mach ich's einfach billiger.“ Und zwar genau so billig, dass der Interessent sich irgendwann denkt: „Da kann ich nichts falsch machen.“

Anstatt aber die Preise zu senken, um möglichst schnell an möglichst wenig Geld zu kommen, sollten Sie diese Phase des Vertrauensaufbaus als eine riesengroße Chance erkennen. Sie haben jetzt – in dieser frühen Phase – mit einem neuen

Interessenten die Chance, das Vertrauen zu stärken, anstatt ihn in eine für ihn als riskant empfundene Kaufentscheidung zu drängen.

Was macht denn das für einen Eindruck?
Das ist doch das Gleiche als würden Sie zum ersten Date mit einer neuen Bekanntschaft auf allen Vieren daher gekrochen kommen und betteln: „Bitte, bitte, heirate mich. Ich hab hier auch einen Aldi-Coupon für insgesamt 10 Euro".

Der Interessent ist in dieser Situation einfach noch nicht bereit zu kaufen. Und wenn er es doch tut, dann aus den falschen Gründen. „Welche Gründe könnten denn die falschen sein? Hauptsache er bezahlt mir Geld."
Natürlich wäre das auch eine Variante an einen neuen Kunden heranzugehen. Aus meiner Erfahrung lohnt sich aber die Zeit, um in dieser Phase den „Verkauf„ hintenan zu stellen und wirklich in den Aufbau von Vertrauen zu investieren. Denn derjenige Interessent, der vor dem ersten Kauf gelernt hat, Ihnen zu vertrauen, wird über die nächsten 12 Monate bis zu drei weitere Verkäufe und Bestellungen durchführen.

Diese „bei-dem-Preis-da-kann-ich-nichts-falsch-machen„-Preiskultur ist daher ein großer Fehler. Eventuell machen Sie vielleicht sogar mit der ersten Aktion mehr einzelne Verkäufe durch Rabatt-Aktionen, als wenn Sie Ihren Preis gehalten hätten. Die Kunden, die Sie dadurch erhalten, sind aber in der Summe weniger bereit zu kaufen und mindern daher den gesamten Umsatz im Vergleich zur „ich-halte-meinen-Preis-und-warte-so-lange-bis-du-genug-Vertrauen-aufgebaut-hast„-Preiskultur.

Der Erfolgsnavigator für Ihr Online-Projekt entsteht

Sie sind am Ziel. Sie haben alles getan, was Sie tun können, um einen neuen Besucher zur Handlung zu bewegen. Sie haben alles richtig gemacht.

- Sie haben damit begonnen, die Wünsche und Probleme Ihrer Nutzer (Zielgruppe) kennenzulernen.
- Sie haben im Kopf des Besuchers das gewünschte Erlebnis bereits ent stehen lassen, als er noch auf Ihrer Webseite war.
- Sie haben Ihr Angebot aus Nutzersicht als „Weg zum Ziel" beschrieben und den Nutzen für die Interessenten in den Vordergrund gestellt.
- Sie haben Handlungs-Hindernisse ausgeschaltet und Interesse entste hen lassen.
- Sie haben dem Prozess des Vertrauensaufbaus genügend Zeit gegeben.
- Sie haben somit alle Grundvoraussetzungen für mehr „Conversions", mehr Handlungen, mehr Email-Einträge und mehr Umsatz und Provisionen über Ihre Webseite geschaffen.

Wiederholen Sie einfach wöchentlich die Überprüfung Ihrer Kennzahlen und setzen Sie die von Ihren Besuchern gewünschten Änderungen um.

1. Notieren Sie sich jede Woche folgende Zahlen:

- Aufmerksamkeit
- Interesse
- Tage bis zum Email-Eintrag
- Tage bis zum Kauf
- Conversion-Rate

Conversion-Rate? „Ich dachte die können wir nicht beeinflussen. Warum beobachten wir sie dann trotzdem?"
Ja. Conversion-Rate. Auch wenn wir diese nicht direkt beeinflussen – sondern nur indirekt dadurch, dass wir die anderen Voraussetzungen für den Erfolg schaffen – so halten wir die Conversion-Rate natürlich trotzdem als „Gradmesser" im Auge.

2. Zu jeder dieser Zahlen notieren Sie sich die Änderungen über die letzten 30 Tage (Zahl gestiegen oder gesunken)?

3. **Neben jeder Zahl notieren Sie sich eine konkrete Aktion**, die Sie bis nächste Woche umsetzen werden.
4. **Notieren Sie sich den Grund für die Änderung**: Warum denken Sie, dass diese Änderung das Verhalten beeinflussen wird?
5. **Am selben Tag setzen Sie die Änderung um.**
6. **In der folgenden Woche wiederholen Sie das Spiel** und fügen eine weitere Spalte hinzu, falls sich die Zahl weiter verschlechtert ha ben sollte: „Warum hat die Änderung nicht die gewünschten Ergebnis se gebracht?" Und formulieren eine passende Aktion für die kommen de Woche.

Sie werden die Wünsche Ihrer Besucher von Woche zu Woche besser kennenlernen und können Ihre Webseite von Woche zu Woche besser auf deren Wünsche anpassen. Der steigende Erfolg Ihrer Webseite ist das logische Ergebnis.

Konzentrieren Sie sich also ab sofort nur noch darauf, die notwendigen Voraussetzungen (Aufmerksamkeit, Interesse, Vertrauen und Handlungsbereitschaft) für zusätzliche Umsätze zu schaffen. Der Erfolg ergibt sich dann ganz von alleine.

Anstatt zu versuchen auf Teufel komm raus: „Mehr Umsatz, mehr Verkäufe, mehr Leads und mehr Provisionen" zu machen, konzentrieren Sie sich ganz einfach darauf: „Mehr Menschen dabei zu helfen deren Probleme zu lösen, deren Wünsche zu erfüllen und deren Ziele zu erreichen."

Das Geld folgt dann ganz von alleine.

Diese Vorgehensweise bringt noch zwei weitere entscheidende Vorteile mit sich:

1. **Sie verlieren keine Zeit mehr dadurch, dass sie „erst alles perfekt machen" möchten.** Sie erkennen jetzt: „Perfekt wird Ihre Webseite nur, wenn Ihre Besucher darüber entscheiden dürfen, wie sie aussehen muss. Also: Schnellstmöglich an den Start, um schnellstmöglich die Wünsche Ihrer Besucher kennenzulernen.

2. **Der ganze Druck fällt weg.**
   Sie müssen plötzlich nicht mehr alle Entscheidungen fällen, auf die Sie bisher keine Antworten hatten. Warum funktioniert das nicht? Was soll ich anders machen? Wie soll die Überschrift lauten? Etc. Dies alles sind nicht mehr länger Ihre Entscheidungen. Das waren noch nie Ihre Entscheidungen. Deshalb hatten Sie auch keine Antwort darauf. Niemand hat diese Antworten. Das waren schon immer die Entscheidungen Ihrer Webseitenbesucher.

Umsetzung schlägt Planung und Theorie in jedem Fall !!!

Ich habe in diesem Buch versucht, den wichtigsten Teil meines Wissens über den Aufbau und die Lenkung eines erfolgreichen Online-Projektes so verständlich wie möglich zu vermitteln.

Etwas Geschriebenes zu lesen und es dann auch direkt anzuwenden, sind zwei sehr unterschiedliche Dinge. Dieser ganze Berg an theoretischem Wissen und Praxis-Tipps gibt Ihnen alle notwendigen Werkzeuge an die Hand, die Sie brauchen, um Ihr eigenes Web-Projekt gezielt auf Kurs zu halten und in Richtung gewünschten Erfolg zu lenken.

Ich möchte Sie aber hier an diesem Punkt nicht alleine lassen. Gerne hätte ich noch 10, 20 oder 50 Seiten mehr geschrieben. Aber manche Dinge muss man einfach „live“ erleben, um sie wirklich anwenden zu können.

Ich könnte Ihnen auch beschreiben, wie man Fahrrad fährt. Lernen werden Sie es während des Fahrens, nicht durch das Lesen der Anleitung.

Daher haben wir zu diesem Buch ein komplettes Begleit-Training entwickelt, das Ihnen zudem alle Vorlagen, Checklisten und Tools mit an die Hand gibt, die Sie brauchen, um direkt mit der Umsetzung zu beginnen: magictools.co/training

Letztendlich

Wenn Sie nur eine Sache aus diesem Buch mitnehmen, dann lassen Sie es bitte diese sein:

„Erfolg im Internet hat nichts mit Glück, Zufall oder Talent zu tun. Erfolg im Internet wird gemacht. Erfolg im Internet lässt sich regelrecht produzieren. Schritt für Schritt."

Erinnern Sie sich immer daran: Jeder Mensch, der im Internet jemals erfolgreich gewesen ist, war ein Quer-Einsteiger. Egal ob der Amazon-Gründer Jeff Bezos oder all die Online-Marketing-Größen im deutschsprachigen Raum, die Sie jeden Tag auf Facebook zu sehen bekommen. Niemand hat jemals eine grundlegende Ausbildung „Internet-Marketing" genossen. Allesamt haben nur früher oder später damit begonnen, genau die Dinge umzusetzen, die Sie hier in diesem Buch kennengelernt haben.

Der einzige Unterschied zwischen Ihnen und den erfolgreichsten Marketern, deren (finanziellen) Erfolg Sie mit Ihrem Online-Projekt erreichen möchten, ist ab diesem Zeitpunkt: Zeit und Erfahrung. Nutzen Sie dieses Buch als einen Leitfaden, der Ihnen den Weg in die richtige Richtung weist. Sie selbst müssen jetzt damit beginnen, dieses Wissen (möglichst noch heute) schrittweise umzusetzen.

Falls Sie zu irgendeinem Zeitpunkt auf Ihrer Reise dorthin ins Stocken geraten, dann haben Sie immer noch die Möglichkeit, sich von mir „an die Hand" nehmen zu lassen und sich für ein paar Wochen an dem zu orientieren, was ich in Ihrer Situation machen würde: http://erfolgbar.de/webinar

#Bonus 1
Anleitung zur 700.000-Euro-Webseite

Eine Schablone für erfolgreiche Webseiten

Der Erfolg liegt einzig und allein in Ihrer Hand.

Dieser Workshop ist lediglich einer von vielen Bausteinen, die Ihnen dabei helfen können, Ihre Webseite zu verbessern. Diese Anleitung teilt unsere Erfahrungen mit einer der erfolgreichsten Webseiten, die wir bisher betreuen durften. Die Ergebnisse sind keinesfalls typisch.

Daher machen wir auch keine Zusicherungen und Ergebnisprognosen
Wenn Sie weiter lesen, erkennen Sie an und stimmen zu, dass wir keinerlei Auswirkungen, Gewährleistungen, Zusagen, Anregungen, Zusicherungen oder Gewährleistungen jeglicher Art, über Ihre Zukunftsperspektiven oder Gewinne machen, oder dass Sie kein Geld verdienen werden, wenn Sie unser E-Book downloaden, und dass wir keine solche Zusage und Versprechung gemacht haben.

Individuelle Resultate können abweichen und Kundenmeinungen in unserem E-Book werden nicht als typische oder garantierte Resultate repräsentiert.

Alle Kundenmeinungen sind von echten Menschen. Dennoch kann nicht garantiert werden, dass jede Person ähnliche Resultate mit den Tipps und unserem E-Book erzielen kann. Jede Person hat ein individuelles Geschäft, andere Gewohnheiten und wird die Informationen unterschiedlich anwenden.

Wir versuchen, Sie ein kleines Stück weit auf dem Weg zu einer besseren Webseite zu begleiten.

Kein Baustein für sich allein wird auf magische Weise ohne weitere Arbeit den großen Erfolg für Sie bedeuten. Der Erfolg liegt alleine in Ihrer Hand und in Ihrer Bereitschaft, den notwendigen Aufwand zu betreiben.

Fünf magische Elemente, die Ihrer Webseite sofort enorme Erfolge bringen.

Erfolgreiche Webseiten folgen einer einfachen Formel.
Diese Formel werden Sie in diesem Leitfaden kennenlernen.

Danach können Sie das alles 1 zu 1 auf Ihrer eigenen Webseite anwenden, um die Erfolge Ihrer Webseite enorm zu steigern.

Genau wie bei einem guten Kochrezept, besteht jede Webseite aus einzelnen Elementen, die exakt aufeinander abgestimmt werden müssen.

In diesem Leitfaden werde ich Ihnen im Detail erklären, wie diese einzelnen Elemente zusammenspielen, um die Leistung Ihrer Webseite zu vervielfachen.

Vorteile für Sie und fünf Gründe, warum Sie es einfach lesen müssen:

- Heute werden Sie lernen, **welche Elemente Ihre Webseite auf jeden Fall haben muss**, um enorme Umsätze zu generieren.

- Die Anleitung, den Sie gerade in Ihren Händen halten, ist die **Quintessenz aus knapp 700.000 €** Umsatz alleine mit einem Projekt (pro Jahr !!!)
- Diese Elemente können Sie auch 1 zu 1 auf Ihre eigene Webseite übertragen und im Handumdrehen wird die Leistung Ihrer Webseite sich verbessern.
- Es gibt fünf **absolut notwendige Elemente auf jeder Webseite.** Wenn eines davon fehlt, dann wird die Webseite nicht funktionieren.
- Jedes dieser Elemente werden wir weiter in seine Einzelteile zerlegen, so dass Sie exakt erkennen, **wie Sie Ihre eigene Webseite noch weiter verbessern können.**

Inhalte:

1. **Ihr USP** (Unique Selling Proposition, das was Ihr Produkt an Nutzen für den Kunden generiert in einem Satz.)
   a. Hauptüberschrift
   b. Unterüberschrift
   c. Eine Aussage als „Verstärker"
   d. Das abschließende Argument
2. **Der sogenannte „Hero-Shot"** (ein grafisches Element/Bild/Video, das den Einsatz oder das Ergebnis Ihres Produktes in Aussicht stellt)
3. **Der Vorteil Ihres Angebotes für den Nutzer**
   a. Stichpunktartige Auflistung der Vorteile
   b. Vorteile und Eigenschaften Ihres Produktes im Detail
4. **Beweise (!!)**
   a. Der Social Proof (z. B. Testimonials, Erfahrungsberichte zu friedener Kunden)
   b. Vertrauensbildende Elemente (z. B. bekannte Logos & Ver trauenssiegel)
5. **Handlungsaufforderung**

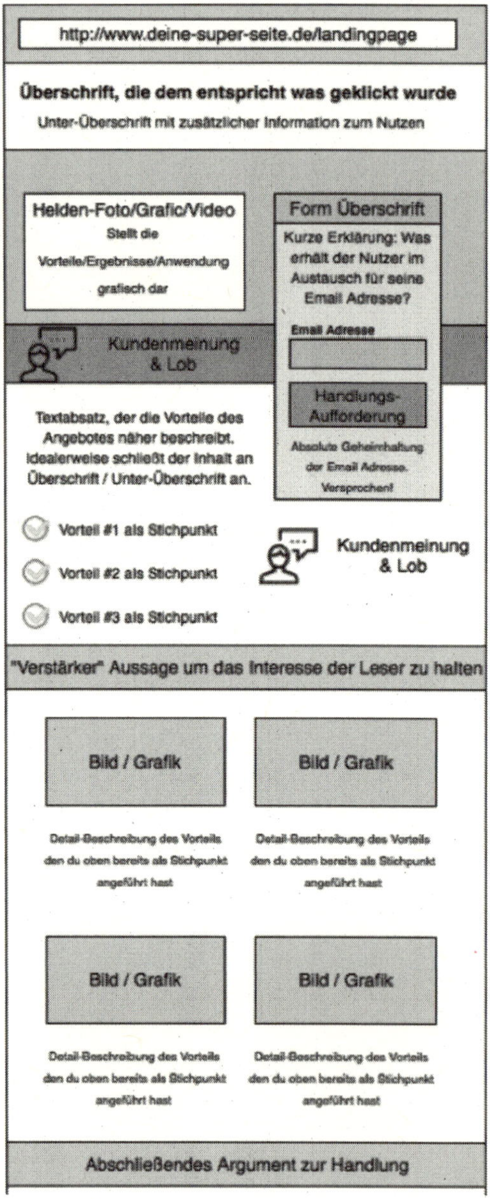

(Abb.15 Elemente einer erfolgreichen Website, die zum Klicken anregt)

Die Elemente einer Webseite, die zum Klicken anregt

(Ideal z. B. für einen sogenannten „2-Step-Opt-In-Prozess“, bei dem das Formular erst nach dem Klick auf einen Button gezeigt wird.)

Praxis-Tipp: Diese in den Beispielgrafiken gezeigten Elemente lassen sich auf jede Art von Webseiten übertragen. Auch auf Ihre.

Ich werde Ihnen die einzelnen Elemente in ihrer Funktion erklären und wie Sie Ihnen dabei helfen werden, die Erfolge mit Ihrer Webseite enorm zu steigern.

1. Der USP im Detail (Einzigartiger Vorteil, der aus Ihrem Angebot entsteht)

Die Kernaussage Ihrer Webseite. Hier muss ganz klar herausgestellt werden, was der Nutzen für den Besucher ist, wenn er Ihr Angebot annimmt.
Eine übergeordnete Aussage, die alle Detail-Vorteile – die auf Ihrer Seite geboten werden – zusammengefasst.
Diese Kernaussage lässt sich in vier weitere Elemente unterteilen, die dann im Zusammenspiel Ihr gesamtes Angebot beschreiben:

1. Die Hauptüberschrift
2. Die Unterüberschrift
3. Das „Verstärkerelement"
4. Das schließende Argument / Grund zur Handlung.

1a) Die Hauptüberschrift

Ganz klar: Die Überschrift ist das erste Element, das den Besuchern ins Auge sticht. Die Hauptüberschrift hat zwei Aufgaben:

1. Stellt ganz klar heraus, was der Besucher auf Ihrer Webseite erhält.
2. So stark wie möglich an dem Text orientieren, der geklickt wurde, um auf Ihre Webseite zu gelangen. Je exakter die Überschrift mit (z. B.) einer Textanzeige oder einem Facebook-Post übereinstimmt, der den Leser auf Ihre Webseite geführt hat, desto besser. So kann sich der Besucher sofort sicher sein: „Hier bin ich richtig."

(Beispiel einer am Nutzen orientierten Überschrift. Quelle: magictools.co/headline)

1b) Die Unterüberschrift

Ihre Überschrift sollte so kurz wie möglich sein, damit der Besucher Sie sofort und ohne zu überlegen erfassen kann.

Das hat zur Folge, dass Sie in den meisten Fällen nicht genügend Information in der Überschrift transportieren können.

Der beste Weg ist daher, dass Sie einfach eine kleinere Schriftgröße für die Unterüberschrift benutzen.

Hier haben Sie zwei Möglichkeiten:

1. Eine direkte Erweiterung der Überschrift. So als würden Sie den Satz, der in der Hauptüberschrift begonnen wurde, ein fach vollenden.

2. Eine zusätzliche – sehr überzeugende – Aussage, durch die Ihre Hauptüberschrift ergänzt wird.

(Beispiel einer Unterüberschrift zur Erweiterung des Nutzen versprechens der Überschrift. Quelle: magictools.co/sub-headline)

Zusammenfassung:

Wenn der Webseitenbesucher durch die Überschrift und Unterüberschrift nicht in der Lage ist, den eindeutigen Nutzen Ihres Angebotes für sich zu erkennen, dann haben Sie etwas falsch gemacht. Der Besucher wird die Seite verlassen, ohne eine weitere Zeile zu lesen.

1c) Eine gezielte „Verstärker"-Aussage

Im Internet wird nicht gelesen. Es wird lediglich „gescannt". Der Nutzer überfliegt Ihre Seite im ersten Schritt und orientiert sich an den markantesten Elementen, um den möglichen Nutzen für sich zu ermitteln. Deshalb ist es so wichtig, dass Sie **den Mehrwert für den Nutzer** in diesen Elementen klar darstellen.

Sowohl in der Überschrift, der Unterüberschrift und auf Ihren stichpunktartigen Listen sollte der Nutzer sofort verstehen, warum er weiter auf Ihrer Seite bleiben soll.

Es gibt noch ein weiteres Element, das Sie für diesen Zweck nutzen können.

Der sogenannte „Verstärker„. Der Verstärker sitzt ungefähr in der Mitte Ihrer Seite. Auf halbem Weg zwischen Anfang und Ende Ihrer Webseite. Im Grunde wie eine zweite Überschrift. Der Zweck: Das Interesse des Nutzers weiter zu halten und zum Lesen der verbleibenden Webseite verleiten.

Praxis-Beispiel:

Überschrift: Kinderleichtes A/B Split-Testing in Wordpress auf Knopfdruck.

Unterüberschrift: Mit nur drei Klicks zum Split-Test, der die Leistung Ihrer Webseite extrem steigert.

Verstärker: Verdopplung Ihrer Webseiten-Erfolge – vollautomatisch und ganz ohne Programmierung.

Zusammenfassung
Nutzen Sie den „Verstärker„ dazu:

- **einen weiteren Vorteil Ihres Angebotes darzustellen**
- **den Nutzer auf halbem Wege durch Ihre Seite zum Weiterlesen anzuregen.**
- **Der Verstärker muss eine natürliche Erweiterung Ihrer Hauptaussage sein.**

1D) Das abschließende Argument

Das abschließende Argument sitzt ganz am Ende der Seite und sollte – genau wie der „Verstärker„ – die Hauptaussage Ihrer Überschrift unterstützen und erweitern.
Für eine „Durchklick-Seite„ (auf der außer dem Klick eines Button keine weitere Aktion gewünscht ist) sollte die Handlungsaufforderung (und der dazu passend beschriftete Button) noch einmal wiederholt werden.

Praxis-Tipp: *Für eine sehr kurze Seite, bei der die Überschrift noch sichtbar ist, selbst wenn der Besucher bereits das Ende der Seite betrachtet, kann auf dieses Element verzichtet werden.*

Hintergrund

Auf längeren Webseiten ist es angebracht, die Handlungsaufforderung samt Button einige Male zu wiederholen.

Das letzte Element auf Ihrer Seite sollte ebenfalls diese Handlungsaufforderung sein. Vor dieser letzten Handlungsaufforderung nutzen Sie Ihr „abschließendes Argument", um den Deal abzuschließen und den Nutzer letztendlich zum Klicken/Handeln zu bewegen.

Der 5-Sekunden-Test

Wenn Sie sich nicht ganz sicher sind, ob Ihr USP (Ihr Nutzversprechen für den Besucher) klar und eindeutig genug ist, dann gibt es einen ganz einfachen Test.

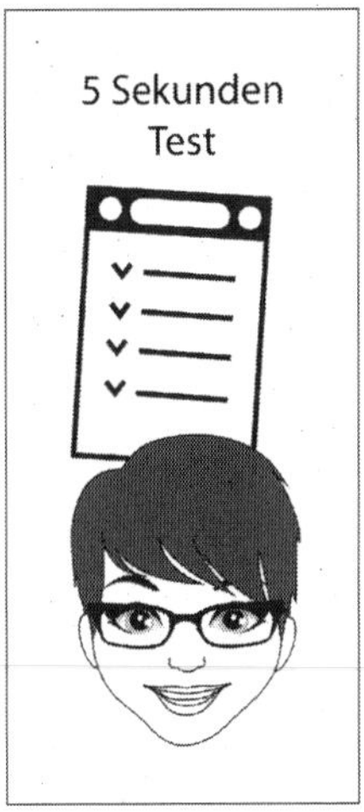

1. Suche Sie sich jemanden, der Ihre Seite vorher noch nie gesehen hat.
2. Setzen Sie diese Menschen vor einen Computer und zeigen Sie ihm/ihr Ihre Webseite für 5 Sekunden.
3. Schalten Sie nach 5 Sekunden den Bildschirm ab.
4. Fragen Sie den „Tester", um was es auf Ihrer Webseite geht.
5. Fragen Sie den „Tester", was der Besucher an Mehrwert von der Seite erwarten kann.
6. Verbessern/ändern Sie Ihre Haupt-Aussage so lange, bis jeder Tester den Mehrwert sofort erkennt.

Praxis-Tipp:
Hierzu gibt es auch ein tolles Tool (gratis), mit dem Sie Ihre Freunde ganz einfach zum Testen einladen können. Werfen Sie mal einen Blick auf: https://usabilityhub.com/five-second-test

2. Der „Hero-Shot"

„Der Hero-Shot zeigt eine Grafik/Foto/Video, die Ihr Produkt/Angebot im bestmöglichen Licht erscheinen lässt."

Egal ob als Abbild Ihres E-Books („E-Book-Cover„), eine Produktschachtel oder eine grafisches Abbild (z. B. Screenshot).

Eine weitere Art des Hero-Shot, die sehr gut funktioniert, ist, das Produkt in Aktion zu zeigen bzw. ein zufriedener Anwender während der Nutzung etc.

Verkaufssender im Fernsehen nutzen diese Art der Präsentation sehr effektiv. Auch wenn es ab und zu etwas überspitzt präsentiert wird, kann man sich dort durchaus inspirieren lassen.

Als Beispiele für einen möglichen Hero-Shot abhängig vom Produktangebot:

- **Online-Service/Elektronisches Produkt:** Eine Video-Demo oder Bildschirmaufzeichnung.
- **Physikalisches Produkt:** Video des Produktes, wie es gerade erfolgreich angewendet wird.
- **E-Book/Info-Produkt:** Ein kleiner Auszug als Vorschau, um den Wert der Inhalte zu beweisen (z. B. Listung aller Module/Kapitel oder Inhaltsangabe).

Praxis-Tipp: Amazon macht das mit dem „Blick-ins-Buch".

Videos sind eine extrem wirksame Art, Ihr Produkt/Angebot ins rechte Licht zu rücken.

Verschiedene Quellen bestätigen sehr eindrucksvoll die enorme Wirkung, die der Einsatz von Videos auf Ihrer Seite haben kann:

- **64 % der Internet-Shopper** geben an, dass ein Produktvideo ihnen die Sicherheit gibt, eine gute Kaufentscheidung zu treffen.
- Auch unsere eigenen Split-Tests bestätigen regelmäßig diese Ergebnisse: Ein Video auf der Verkaufsseite steigert die Kauf-Wahrscheinlichkeit (Kauf-Conversion-Rate) um 184 %

Praxis-Tipp: Unser Split-Testing-Tool vielleicht auch für Sie interessant, falls Sie WordPress nutzen: http://www.splitmagic.de)

Zusammenfassung:

Ihr Hero-Shot sollte im ersten Abschnitt in Ihrer Webseite das dominante Element sein. Im Zusammenspiel mit der Überschrift und Unterüberschrift hat der Hero-Shot die Aufgabe, Ihre Kernaussage zu unterstützen. Ihr USP (aus der Überschrift) sollte den Hero-Shot unterstützen und umgekehrt.
Wenn diese zwei Elemente nicht aufeinander abgestimmt sind, dann wird Ihre Seite auf den Besucher verwirrend wirken und er wird die Seite verlassen.
Ihre Webseitenbesucher werden den Nutzen Ihres Produktes schneller verstehen, wenn Sie es in der Anwendung zeigen können. Dies löst dann oft den notwendigen „Aha"-Effekt aus, der notwendig ist, um den Besucher zur Handlung zu bewegen.

3A) Die Vorteile Ihres Angebotes für den Nutzer (Bullet-Points Liste)

Die bisher beschriebenen Elemente sollten dazu geführt haben, dass Sie jetzt die volle Aufmerksamkeit Ihrer Besucher haben. Sie haben ihn durch Ihre Überschrift, Unterüberschrift und den Hero-Shot davon abgehalten, die Seite wieder zu verlassen und neugierig genug gemacht, dass er sich zum Weiterlesen entschieden hat.

Jetzt müssen Sie die Vorteile für den Nutzer Ihres Angebotes so klar wie möglich darstellen. Die Bullet-Points-Form der Präsentation eignet sich hier, denn wie Sie sich erinnern können: Der Nutzer „scannt" immer noch Ihre Seite. Er liest nicht. Er „überfliegt" zu diesem Zeitpunkt noch.

Die hier gelisteten Vorteile müssen sich direkt an dem „Schmerz"/Problem der Besucher orientieren, das Sie mit Ihrem Angebot lösen können.

Praxis-Tipp:
Auf der Verkaufsseite eines Plug-ins zum einfachen Durchführen von A/B-Split-Tests z. B. würde ich sagen: „Sparen Sie sich viel Zeit und Kopfzerbrechen durch kinderleichtes Einrichten in Rekordgeschwindigkeit", anstatt nur zu sagen: „Erstelle A/B-Split-Tests in WordPress".
Das Letztere ist eine Eigenschaft oder eine Funktion, aber kein Vorteil.

Praxis-Tipp:
Machen Sie sich eine Liste mit allen Funktionen/Eigenschaften Ihres Produktes. Was macht es? Was kann es? Wie macht es das? Was beinhaltet es? Etc.

Daneben machen Sie sich eine zweite Liste und schreiben alle VORTEILE für den Nutzer auf, die sich aus der anderen Liste ergeben.
Denken Sie immer daran: Der Nutzer kauft nicht das Produkt selbst, sondern das Ergebnis, das er mit diesem Produkt erzielen möchte.

Wenn Sie also einen „Bohrer" verkaufen möchten, dann verkaufe das Loch in der Wand. Der Bohrer ist nur das Mittel zum Zweck. Genauso verhält es sich mit Ihrem Angebot.

3B) Detaillierte Beschreibung von Vorteilen und Eigenschaften

Der Nutzer ist jetzt bereit, sich die folgenden Zeilen wirklich durchzulesen. Die Liste der Vorteile hat ihn davon überzeugt, dass es sich lohnen wird etwas genauer hinzusehen.

Um Ihre Liste der Vorteile etwas zu erweitern, geben Sie in diesem Teil eine etwas detailliertere Beschreibung der einzelnen Vorteile, deren Wirkung und Funktion.

Praxis-Tipp:
Damit Sie den Vorteil für den Nutzer weiterhin in den Vordergrund stellen, empfehle ich Ihnen folgende Vorgehensweise:

1. *Gehen Sie zuerst noch weiter auf den gelisteten Vorteil ein und er klären Sie im Detail, wie dieser sich ergibt.*
2. *Erst danach können Sie noch ein/zwei Worte über die Funktion ver lieren, die sie zu diesem Vorteil geführt hat.*

Wichtig ist immer, den Vorteil Ihres Angebotes zuerst anzusprechen und nur dann ein paar Worte zu den Eigenschaften/Funktionen zu verlieren. Diese zielen dann auf die Besucher ab, die sich gerne mit den Details beschäftigen, bevor sie sich entscheiden.

Die Beschreibung der Vorteile muss das Problem mit einbeziehen, welches Ihr Angebot für den Besucher lösen kann. Die danach besprochenen Eigenschaften/Funktionen geben Details zu dem „Wie" Ihr Angebot das schaffen wird.

Ein kleines Bild (z. B. Screenshot falls geeignet) oder eine kleine Grafik kann genutzt werden, um jeden einzelnen Punkt zu veranschaulichen (siehe folgende Grafik).

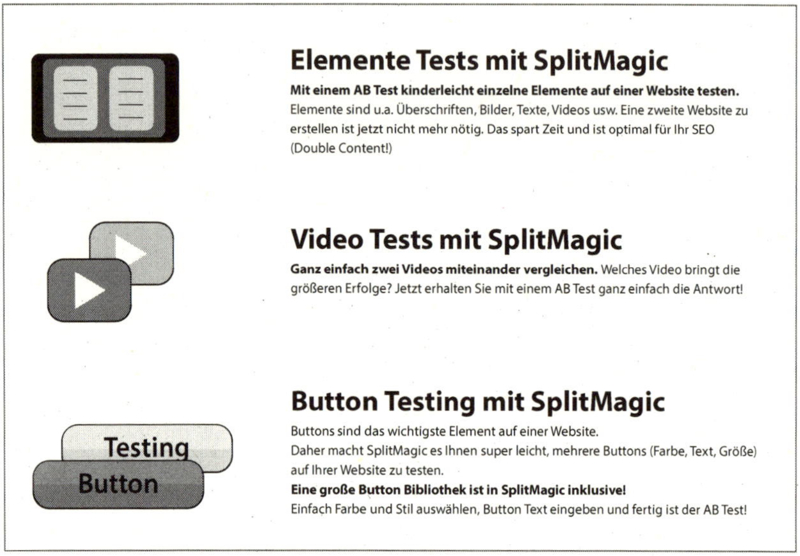

(Abb 16:Grafiken/Icons zur Veranschaulichung einzelner Eigenschaften/Funktionen/Vorteile. Quelle: http://www.splitmagic.de)

4) Beweise & „Social Proof"

Der sogenannte „Social Proof" ist ein sehr effektives Konzept in der Überzeugung eines Besuchers von Ihrem Angebot.

Wir Menschen möchten uns in unserer Entscheidung sicher sein. Wenn wir sehen, dass andere Menschen vor uns bereits diese Entscheidung getroffen haben und damit zufrieden waren, dann sind wir sehr viel schneller bereit, diese Entscheidung zu treffen.

Praxis-Tipp:
Bestimmte Arten von Social Proof hat über die letzten Jahre etwas an Glaubwürdigkeit verloren, da teilweise einfach frei erfundene „Kundenmeinungen" auf Webseiten dargestellt wurden.

Diesen Umstand können Sie für sich nutzen, in dem Sie:

1. *Niemals erfundene Referenzen auf Ihrer Seite nutzen.*
2. *Die Glaubwürdigkeit durch Fotos, vollem Namen oder sogar dem Einsatz von Video-Testimonials drastisch erhöhen können.*

Zusammenfassung
Menschen lieben es, wenn ihnen eine Entscheidung abgenommen wird. Daher funktionieren auch „Produkt-Reviews" (z. B. auf Amazon) so gut. Sogar im Elektrogeschäft vor Ort werden auf dem Smartphone noch schnell die „Reviews" gecheckt, bevor gekauft wird. Nutzen Sie dieses Verhalten auf Ihrer Webseite und vereinfachen Sie Besuchern die Entscheidung zur Handlung.

> *So etwas habe ich noch nie erlebt. Das ist eine einmalige Gelegenheit, die mir mit Splitmagic in die Hände gefallen ist. Daumen hoch! Richtig tolle Sache. 100% Weiterempfehlung von mir.* ***Ich teste ab sofort alles!***

Ralf Schmitz Der Affiliate-König

(Abb 18: Beispiel für den notwendigen Social Proof auf einer Webseite. Mit Bild und Namen für zusätzliche Glaubwürdigkeit. Quelle: splitmagic.de)

5) Das Handlungsziel Ihrer Webseite: Ihre Handlungsaufforderung

(Handlungsaufforderung = CTA für „Call to Action")

Das Handlungsziel ist das Ergebnis, das Sie sich von Ihrer Webseite wünschen. Mehr E-Mail-Eintragungen in Ihrem Newsletter, mehr Downloads, mehr Klicks, mehr Verkäufe Ihres Produktes.

Für den Besucher ist das **eine eindeutige Handlungsaufforderung (CTA - call to action)**, die Sie wortwörtlich so auf Ihrer Webseite/auf Ihren Buttons oder in Ihrem Formular ausdrücken.

Ihr CTA ist Dreh- und Angelpunkt für den Erfolg Ihrer Webseite. Der CTA ist das ultimative Ziel und die eine Handlung, die der Besucher auf Ihrer Webseite ausführen soll.

Wie Sie den CTA-Gestaltest, wo Sie ihn positionieren und welchen Text Sie verwenden, sind für den Erfolg entscheidende Überlegungen.

In den meisten Fällen wird die Handlung auf Ihrer Webseite mit dem Klick auf einen Button ausgelöst – egal ob der Klick auf einen Werbebanner, der Klick auf einen Kaufen-Button oder zum Absenden eines Formulars.

Jeder Button besteht aus 2 Elementen: Gestaltung und Text.

Beide Elemente haben einen ausschlaggebenden Effekt auf den Erfolg Ihrer Webseite. Jedes Element übernimmt dabei aber eine andere Aufgabe.

Die Gestaltung des Buttons muss die Aufmerksamkeit des Besuchers auf sich ziehen. Das Design muss dem Besucher klar machen: „Wo soll ich klicken?"

Der Text auf dem Button muss dem Besucher noch einmal die Sicherheit geben und ihn daran erinnern „warum soll ich klicken?".

CTA-Text

Der Text auf dem Button soll genau beschreiben, was geschieht, wenn der Nutzer darauf klickt. Stellen Sie ihm in Aussicht, was er erhalten wird.

„Lade jetzt mein E-Book herunter"

„Erhalte sofort Zugang zum gratis Mitgliederbereich"

„Starten Sie Ihren 30-tägigen Grundlagenkurs"

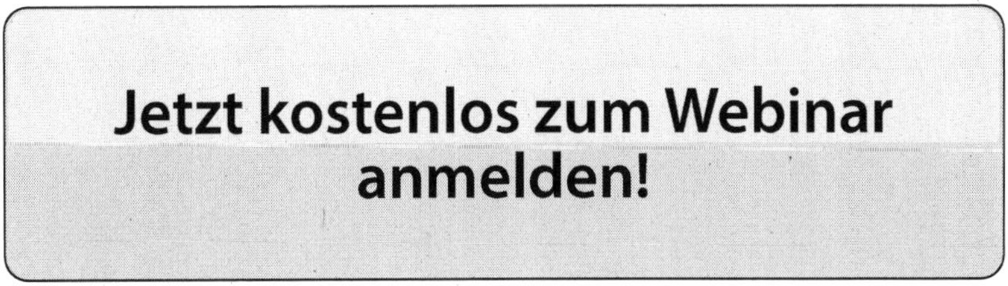

(Abb 19: Beispiel eines klaren CTA. Es wird beschrieben, was man mit dem Klick auf den Button auslöst. Quelle: http://www.podcastmeisterschule.com)

Zusammenfassung
Benutzen Sie bitte niemals das Wort „Abschicken". Der Nutzer möchte wissen, was exakt er mit dem Klick auslöst. Beschreiben Sie daher immer wörtlich das Ergebnis des Klicks und lassen den Nutzer wissen, was er erhalten wird, wenn er klickt.

Übrigens funktioniert bei uns ein orangener Button oft besser als z.B. ein grüner Button. Aber auch das bitte immer testen. Immer.

BONUS: Die Bestätigungsseite

Falls Sie auf Ihrer Webseite neue Email-Adressen für Ihren Newsletter einsammeln oder ein Produkt verkaufen, dann zeigen Sie nach erfolgreichem Eintrag/ Kauf eine „Danke"-Seite.

Diese Seite ist extrem wertvoll. Denn der Nutzer hat sich gerade in Ihre Welt begeben und ist voller Erwartung. Er hat gerade zu Ihnen/Ihrem Angebot „ja" gesagt. Lassen Sie sich diese Aufmerksamkeit des Nutzers nicht einfach entgehen. Nutzen Sie diese Aufmerksamkeit durch folgende Möglichkeiten:

1. **Ein Refi-Angebot (bei Email-Danke-Seiten)**
   Bedanken Sie sich für das Vertrauen und unterbreiten Sie den Besuchern ein Geschenk, indem Sie ein Produkt, das normalerweise 39 € kosten würde (z. B. ein Ebook), nur jetzt und nur auf dieser Seite für einmalige 7 € angeboten wird. (Im Schnitt greifen mindestens 30 % der Besucher dieses Angebot auf: Toller zusätzlicher Umsatz, der Ihnen bisher entgangen ist.) Refi steht für Refinanzierung.
   Ein kompletter „Refi-Report" steht Ihnen gratis zur Verfügung. Und zwar hier: http://refi-strategie.com/

2. **Glänzen Sie mit überraschendem Mehrwert (Bonus)**
   Ein zusätzliches Video mit wertvollen Inhalten. Ein Spezial-Sonder-Tipp, der den Nutzern sofortigen Mehrwert bietet oder eben wie gerade erwähnt ein unschlagbares Refi-Angebot als „Dankeschön".

3. **Führen Sie den Nutzer durch die nächsten Schritte**
   Lassen Sie den Besucher nicht einfach alleine auf dieser Seite. Geben Sie ihm klare Anweisungen, was er als nächstes tun sollte, um Ihr Produkt in Empfang zu nehmen. Geben Sie ihm eine Möglichkeit, Sie bei Fragen zu kontaktieren oder geben Sie ihm die Möglichkeit, direkt auf dieser Seite einen Wunsch zu hinterlassen. (Hier nutzen wir gerne das kostenlose Umfragen-Tool von Google: Hier geht's zu Google Forms (<-- Klick)

#BONUS 2

Die 4 größten Fallen auf dem Weg zum Online-Erfolg
Lösung: 4 Strategien wie ***Sie*** diese Fallen mit Sicherheit vermeiden

Die vier gefährlichsten Fallen im Online-Marketing an denen 98 % aller Unternehmen letztendlich zugrunde gehen

Es gibt genau vier große Stolpersteine auf dem Weg zum erfolgreichen Online-Business.

1. Die Perfektions-Falle
2. Die Frustrations-Falle
3. Die Empfehlungs-Falle
4. Die Selbstverwirklichungs-Falle

Jede einzelne dieser vier „Fallen im Online-Marketing“ kann für jedes Online-Projekt das sofortige Aus bedeuten.

Ich gebe Ihnen vier passende und vor allem erprobte

„Strategien zum nicht Aufgeben“

mit auf den Weg.

Denn das oft genannte „Durchhaltevermögen“ und der notwendige „lange Atem“ sind nur leere Floskeln, die Ihnen im Alltag Ihres Online-Projektes überhaupt nichts bringen werden.
„Einfach mal starten und durchhalten„ ist oft das Motto. Doch so einfach ist das

gar nicht. So einfach diese beiden Tipps klingen, so schwer sind sie in der Praxis umzusetzen. Sie brauchen für jede der vier großen Fallen auch vier handfeste Strategien.

Jedes einzelne Online-Projekt, das ich über die letzten 10 Jahre beobachtet oder selbst begleitet habe, lief Gefahr, in eine dieser vier Fallen zu tappen. Gut wenn Sie dann die richtigen Strategien parat haben. Lesen Sie diesen Artikel und Sie sind vorgewarnt.

Zu jeder dieser vier „Fallen im Online-Marketing" erhalten Sie jetzt die taktische Gegenwehr. Eine Schritt-für-Schritt-Anleitung, wie Sie diese Fallen erkennen und wie Sie wieder aus diesen Fallen herauskommen, falls Sie in eine davon hineingetappt sein sollten.

Falle 1: Die „Perfektions-Falle"

Die meisten Projekte scheitern schon, bevor sie überhaupt begonnen werden. So traurig dies auch klingen mag. Mehr als 90 % der Online-Projekte erliegen bereits dieser ersten – und meiner Meinung nach schlimmsten – Online-Marketing-Falle.

Die Angst davor, mit etwas zu starten was nicht „perfekt" ist.

Jeder angehende Online-Unternehmer denkt, dass sein Projekt nur dann erfolgreich sein kann, wenn alles perfekt ist, bevor man an den Start geht.

Aus meiner Erfahrung weiß ich, dass ein Projekt niemals perfekt sein wird. Schon gar nicht zum Start. Aus meiner Erfahrung weiß ich, dass kein einziges Projekt, das im Internet erfolgreich war, gleich zu Beginn perfekt war.

Zum Start eines Projektes entscheidet sich rein gar nichts.

Wichtig ist nur, dass Sie möglichst schnell die Startlinie überschreiten und das Ding ins Rollen bringen. Die erfolgreichsten Online-Projekte sind die, die so schnell wie möglich gestartet werden. Ohne Rücksicht darauf, ob jede einzelne Kleinigkeit „perfekt" ist.

Das „perfekte" Online-Projekt entsteht genau dann, wenn Sie Ihr (vermeintlich „unfertiges") Projekt so schnell es geht auf die Welt los lassen. **Denn nicht Sie selbst entscheiden, ob Ihr Projekt etwas taugt, sondern einzig und allein die Besucher Ihrer Webseite entscheiden über Ihren Erfolg.**

Sie selbst sind mit einer der schlechtesten Gradmesser dessen, ob Ihr Projekt „perfekt" ist oder nicht. Sie selbst haben nur eine einzige Meinung. Und zwar Ihre eigene. Die Menge aller Besucher Ihrer Webseite, die später über den Erfolg Ihrer Webseite entscheiden werden: Das sind die wahren Gradmesser. **Nur durch das Feedback/die Meinung Ihrer Webseiten-Besucher können Sie lernen.**

Die wirkungsvollste Strategie gegen „Die Perfektionsfalle" ist, dass Sie sich darüber bewusst werden, dass zu Anfang gar nichts perfekt sein kann. Egal wie „perfekt" Sie Ihr Projekt empfinden: Das heißt noch lange nicht, dass Ihre Webseiten-Besucher das auch so sehen werden.

Hinter der Perfektions-Falle verbirgt sich ein ganz normales menschliches Verhalten: Es gibt eine natürliche Aversion gegen Veränderung. Es gibt eine natürlich Ablehnung gegen unangenehme Situationen. Und etwas Neues zu beginnen, ist doch immer mit Ungewissheit und vermeintlichem Risiko verbunden. So flüchten sich viele Online-Projekte dann in die Suche nach der vermeintlichen Perfektion. Der Drang nach Risikominimierung ist uns quasi angeboren. Daher brauchen Sie eine konkrete Strategie, um diese erste Hürde zu überwinden. Zu sagen „einfach starten" ohne Strategie wird Sie hier nicht recht weit bringen.

[Praxis-Tipp: ***Der sicherste Weg aus der Perfektions-Falle ist ein „Fahrplan***

***zum Start"** – eine Checkliste für Ihr Projekt, anhand der sie exakt wissen und schwarz auf weiß vor sich sehen, wann ihr Projekt zum Start bereit ist.*

Thema	Schwachstellen finden	Umfrage	Split Testen
VK Danke Seite ist individuell auf Launch zugeschnitten	noch nicht erledigt	noch nicht erledigt	noch nicht erledigt
Tracking-Pixel auf „Danke" Seite hinterlegt	noch nicht erledigt	noch nicht erledigt	noch nicht erledigt
Video durchgesehen & fehlerfrei & passt zum Thema der Mail	ja	ja	ja
Early Bird Eintragung getestet und fehlerfrei	noch nicht erledigt	noch nicht erledigt	noch nicht erledigt
URL in Email hinterlegt	ja	ja	ja
Test Email geschickt, Link gelickt und alles ok	ja	ja	ja
Letzter Kampagnen-Check (Pausen zwischen Mails ok, Tags zur Auslösung nochmal überpüft, etc.)	ja	ja	ja

(Abb 20: Eine einfache Checkliste auf Excel ist absolut ausreichend)

Eine einfache Checkliste ist absolut ausreichend. Eine Liste die sicherstellt, dass Sie an die wichtigsten Dinge im Ablauf gedacht haben. Sobald diese grundlegende „Infrastruktur" stabil steht, sollten Sie unmittelbar in die Veröffentlichung starten. Denn Anpassen und Verbessern können Sie erst anhand der ersten Reaktionen neuer Besucher.

Der Trick zum Erfolg

ist, dass sie eine möglichst minimale Version ihres Projektes, so schnell wie möglich erstellen und diese so schnell wie möglich vor die Augen der Öffentlichkeit bringen.

Denn letzten Endes entscheidet nicht Ihr eigener Geschmack über den Erfolg ihres Projektes, sondern einzig und allein die Meinung Ihrer Webseiten-Besucher. Einzig und allein die Besucher auf Ihrer Webseite treffen die Entscheidung, ob sie Ihre Webseite zum Erfolg führen oder nicht.

Deshalb sollten Sie die erste Version Ihres Projektes und Ihrer Webseite lediglich als ersten Vorschlag verstehen, anhand dessen Sie erkennen, wie die Reaktion Ihrer Besucher darauf ist.

Diese erste Version eines Online-Projektes hat noch nie über den Erfolg entschieden. So können Sie sich entspannt zurücklehnen und mit einem Ihrer Meinung nach noch „unfertigen" Projekt an den Start gehen. Denn erst dann beginnt das Projekt zu leben. Erst dann können Sie wirklich damit beginnen, an den Feinheiten zu arbeiten, die dann über den Erfolg entscheiden.

Der „Erfolg„ Ihres Online-Projekts ist kein Moment und kein Ereignis. **Erfolg ist ein Prozess, der regelmäßig und beständig daran arbeitet, Ihre Webseite mehr und mehr zu dem zu machen, was die Besucher Ihrer Webseite sich wirklich wünschen. Sie sehen, Ihre Webseite beginnt jetzt erst wirklich zu entstehen.**

Machen Sie sich jeden Tag aufs Neue bewusst, dass der Start Ihres Projektes nicht über den Erfolg entscheidet. Je länger Sie also daran arbeiten, Ihre Webseite bereits vor dem Start in Ihren eigenen Augen perfekt machen zu wollen, desto länger verzögern Sie den wahren Erfolg ihres Projektes.

Somit haben Sie die erste Strategie bereits zur Hand:
Nutzen Sie eine Checkliste anhand derer Sie alle grundlegenden Punkte zur Erstellung Ihrer Webseite abarbeiten und erklären Sie Ihr Projekt „startklar", sobald sie am letzten Punkt der Checkliste angekommen sind. Dies gibt Ihnen einen objektiven Gradmesser der tatsächlichen Bereitschaft Ihres Projektes an den Start zu gehen, anstatt sich selbst in Ihrem Verlangen nach Perfektion zu verlieren.

[Klartext: Sobald Sie selbst Ihre eigenen Webseite im Internet besuchen können, sollten Sie damit beginnen, die ersten Besucher einzuladen und Ihre Seite der Öffentlichkeit zu präsentieren. 1. sofort starten und 2. regelmäßig optimieren.]

Fazit: Raus aus der Perfektions-Falle:

Ein Anfang ist also nur ein Anfang und **Perfektion ist kein Moment, sondern ein Prozess,** der mit einem möglichst schnellen und un-perfekten Start beginnt.

Praxis-Tipp: Es gibt sogar ein ganzes Buch, das sich mit dem Mut zum schnellen und möglichst un-perfekten Start beschäftigt und Ihnen die notwendigen Werkzeuge an die Hand gibt.

Falle 2: Die „Frustrations-Falle"

Endlich! Die neue Webseite steht bereit. Der Blog ist mit Inhalten gefüllt. Viele Monate harter Arbeit liegen hinter Ihnen. Sie haben Texte geschrieben, Sie haben Bilder ausgewählt, Sie haben die Technik unter Kontrolle gebracht. Und endlich: Da steht das Wunderwerk „Webseite".

Sie denken sich: „Super. Ich bin am Ziel. Die Webseite steht und jetzt wird Geld verdient." Jetzt werden von heute auf morgen rund 5 Milliarden Menschen in der ganzen Welt Zugriff auf meine Webseite haben. Ab sofort wird nur noch Geld gezählt.

In den meisten Fällen passiert erstmal mit Sicherheit eines: Und zwar gar nichts.

Keine Besucher, keine Umsätze, keine Downloads. Sie gehen Monat für Monat leer aus. Es passiert einfach gar nichts. Niemand trägt sich in Ihre Email-Liste ein. Kein Mensch lädt Ihr gratis E-Book herunter. Kein Mensch kauft die ange-

priesenen Produkte. Nichts passiert.
In diesem Moment beginnt mit Sicherheit nur eins zu wachsen: Und zwar Ihre Verzweiflung und vor allem Ihr Frust.

Egal auf welche Weise Sie mit Ihrer Webseite Geld verdienen möchten, ob über Bannerwerbung, über Affiliate-Marketing oder über den Verkauf Ihrer eigenen Produkte: Früher oder später müssen Sie der Wahrheit ins Auge blicken: **Der Start Ihrer Webseite war erst der erste Schritt auf einem langen Weg zum Online Business.**

Ich zerstöre Ihnen nur ungern die Illusion vom „Umsatz machen auf Knopfdruck". Doch so läuft das leider nicht. Es gibt im Internet keinen roten Knopf, den Sie drücken, um dann ganz automatisch jeden Monat Abertausende von Euros auf Autopilot für Sie verdient.

Jetzt kommt aber gleich die gute Nachricht:
Es gibt einen erprobten Weg aus der Frustrations-Falle, der es Ihnen erlaubt, aus Ihrer Webseite ein profitables Internet-Geschäft entstehen zu lassen. Das alles lässt sich sogar auf zwei einfache Schritte reduzieren, die Sie dann ganz einfach wieder und wieder und wieder wiederholen:

1. Wünsche Ihrer Webseiten-Besucher erkennen
2. Wünsche Ihrer Webseiten-Besucher erfüllen

Ihre Webseite allein ist noch ist kein Geschäftsmodell, das automatisch profitabel wird. Ihre Webseite ist lediglich ein Ort der Begegnung. Hier sollen sich „Angebot" und „Nachfrage" treffen. Ihre Webseite ist lediglich die Plattform mithilfe derer Sie Ihr „Angebot" und die „Nachfrage" der Besucher zusammenbringen können.

Wenn Sie Ihre Webseite also als Plattform verstehen lernen, auf der Sie Ihren Besuchern genau das bieten, was diese suchen, dann sind Sie auf dem besten Weg zu einem profitablen Online-Projekt.

Konzentrieren Sie sich ganz einfach darauf, die Wünsche Ihrer Webseiten-Besucher zu erkennen und diese anschließend zu erfüllen.

„Der einzige Unterschied zwischen einer Webseite, die Ihnen Monat für Monat neues Geld in Ihre Kassen spült, und einer Webseite, die niemals auch nur 1 Euro abwerfen wird, ist einzig und allein ***das Durchhaltevermögen des Webseiten-Betreibers.“***

Aber auch dieser Tipp mit dem „einfach lange genug durchhalten“ ist an und für sich unbrauchbar. Auch hier brauchen Sie eine Strategie, die es Ihnen erlaubt, trotz anfänglicher Schwierigkeiten und Frustration weiter an Ihrem Traum vom erfolgreichen Online-Business zu arbeiten, anstatt in der „Frustrations-Falle“ zu stagnieren.

Jetzt wird aus Ihrer Webseite ein Online Business

Ihre Webseite ist also erst der Anfang. Sie haben sich mit Ihrer Webseite lediglich einen Ort geschaffen, an dem Sie Ihr Angebot, Ihr Produkt, Ihre Lösungen einem möglichst interessierten Publikum präsentieren können.

Jetzt liegt es an Ihnen, Ihre Webseite ständig weiter an die Wünsche Ihrer Webseite-Besucher anzupassen.

Jetzt beginnt das „Online-Marketing“ in seiner klassischen und erfolgreichsten Form. Jetzt geht es darum, dass Sie:

- möglichst rasch die richtigen Interessenten auf Ihre Webseite holen
- möglichst rasch erkennen, welches „Angebot“ Ihre Besucher sich wirklich wünscht
- möglichst rasch erkennen, wo Sie mehr Besucher finden, die an Ihrem Angebot Interesse haben
- möglichst rasch erkennen, wie Sie Ihr Angebot noch besser präsentieren könnten, um es noch schmackhafter zu gestalten

- und schließlich und endlich: möglichst rasch an die ersten Verkäufe, Email-Adressen oder Downloads Ihres E-Books zu kommen.

Fazit: Der Raus aus der Frustrations-Falle:

Der Schlüssel zum Erfolg liegt hier in zwei Strategien:

1. Wöchentliche Überprüfung Ihrer Fortschritte
2. Scheitern als wichtigstes Instrument zum Erfolg zu erkennen

Das „Warten" auf den Erfolg erscheint einem oft wie eine Unendlichkeit, in der sich rein gar nichts in die richtige Richtung zu bewegen scheint. Dieses Gefühl von „Stillstand" führt oft dazu, dass Sie sich etwas hilflos und ausgeliefert fühlen. „Was soll ich denn nur tun? Wo soll ich ansetzen? Was soll ich denn noch alles ausprobieren?"
Und „schwupp" sind Sie in der Frustrations-Falle gefangen.

Der einzige Weg um die Frustrations-Falle zu vermeiden ist, dass Sie nicht länger passiv auf den Erfolg „warten", sondern damit beginnen aktiv und schrittweise an Ihrem Erfolg zu arbeiten.

Hier hat sich eine Strategie als sehr erfolgreiche Start-Hilfe bewiesen:

1.Setzen Sie sich einen Tag in der Woche zur Seite, an dem Sie Ihre Fortschritte regelmäßig überprüfen und sich Aktionen zur Verbesserung Ihrer Situation überlegen.

2. Jede Woche setzen Sie sich ein bestimmtes Ziel und überlegen sich eine bestimmte Aktion, mit der Sie dieses Ziel bis zur nächsten Woche erreichen möchten.

- So wird aus einem scheinbar endlosen Zeitraum des „hilflosen Wartens" auf den Erfolg ein wöchentliches Ritual des „aktiven Verbesserns" Ihrer Situation.
- Anstatt einem Gefühl von Hilflosigkeit, entwickelt sich plötzlich ein Gefühl von aktiver Kontrolle und gezielter Lenkung der Situation.
- Anstatt sich dem Schicksal ausgeliefert zu fühlen, nehmen Sie ab diesem Zeitpunkt die Kontrolle zurück in Ihre Hände.

3. Dieses regelmäßige und aktive Verbessern Ihrer Situation ist die sicherste Abwehr gegen die Frustrations-Falle.
Für mich und meinem Team ist dieser Termin immer Freitag Vormittag. Einmal pro Woche, immer um die gleiche Uhrzeit. Die regelmäßige Wiederholung dieser Aufgabe einmal pro Woche war unser Schlüssel zum Erfolg.

4. Eine Woche ist ein überschaubarer Zeitraum, der es bereits erlaubt, erste Verbesserungen oder Verschlechterungen im Vergleich zur Vorwoche festzustellen. **So unterbrechen Sie einen vermeintlich endlos andauernden Prozess in kleine wöchentliche Einheiten**, die leicht überschaubar Schritt für Schritt den Weg zum Erfolg sichern.

- Erfolg im Internet ist kein Zufall!
- Erfolg im Internet wird Schritt für Schritt gemacht.
- Erfolg im Internet ist so einfach wie Malen nach Zahlen.

5. Scheitern als wichtiges Instrument zum Erfolg:
Ein zweiter Stolperstein wird gleichzeitig aus dem Weg geräumt: Und zwar „die Angst vor dem Versagen."

Es gibt kein Versagen. Es gibt kein Scheitern. Es gibt nur Erkenntnisse. Es gibt nur Zahlen und Fakten.

Entweder Sie erkennen, dass etwas funktioniert oder Sie erkennen, dass etwas,

was Sie versucht haben, nicht funktioniert hat. Jede Erkenntnis ist in diesem Fall eine gute Erkenntnis, aus der Sie lernen und Ihre Webseite weiter verbessern können. Scheitern gehört zum Weg zum Erfolg.

Vorsicht !! Falle 3: Die „Empfehlungs-Falle“

Stellen Sie sich einmal vor, es ist mitten in der Nacht und Sie fahren auf der Autobahn. Mit voller Geschwindigkeit auf der linken Spur. Das Gaspedal bis auf Anschlag gedrückt. Höchstgeschwindigkeit.
Ok? Spüren Sie es? Hören Sie den Fahrtwind vorbei rauschen? Gut.

Und dann: Ganz plötzlich fallen alle Lichter aus. Sie sehen von einem Moment auf den anderen nichts mehr. Absolut schwarze Nacht. Und Sie sind immer noch mit Höchstgeschwindigkeit unterwegs. Eine unendlich große Panik überkommt Sie.

Was ist Ihr erster Impuls? Was ist Ihre erste Reaktion? Ganz klar: Sie nehmen den Fuß vom Gas und steigen auf die Bremse. Es ist immer noch absolut dunkel um Sie herum. Sie wissen nicht, ob Sie im nächsten Moment an eine Mauer knallen oder ob Sie links oder rechts von der Fahrbahn abkommen werden.

Und dann mischt sich auch noch Ihr Beifahrer mit ein: „Fahr links! Fahr links! Ich seh' zwar auch die Hand vor meinen eigenen Augen nicht, aber ich rate dir: Fahr links! Oder nein: Fahr doch lieber rechts. Rechts. Fahr rechts!“
Was machen Sie mit diesem Ratschlag am besten? Ganz genau: Sie ignorieren ihn. **Sie machen das einzig Richtige in diesem Moment: Sie schalten erstmal wieder die Lichter an** und verschaffen sich selbst einen Überblick!

Und so ist auch für den Erfolg mit Ihrer Webseite der wichtigste Dreh- und Angelpunkt, dass Sie sich einen möglichst genauen Überblick über Ihre Situation verschaffen. Denn erst wenn Sie wissen, wo sich Ihr Online-Projekt im Moment befindet, können Sie auch die richtigen Schritte gehen, um an Ihr

Ziel zu gelangen.

„Empfehlungen und Bauchgefühl sind die zwei schlechtesten Unternehmensberater überhaupt."

Die meisten Online-Unternehmer tappen hier ganz gewaltig in die zweite der größten Fallen, die es überhaupt gibt: Und zwar Falle 3: die „Empfehlungs-Falle"

Verständlicherweise stürzt man sich in einer Situation der Unsicherheit gerne auf die Tipps und Empfehlungen von fremden „Experten". Denn man fühlt sich selbst noch so unerfahren und „die anderen müssen ja wissen, wie das geht." Vor allem dann, wenn sich jemand als „Experte" darstellt und ein Produkt präsentiert, das Ihnen verspricht, dass damit alle Ihre Probleme auf einen Schlag verschwinden würden. Dann schlägt man natürlich zu.

Empfehlungs-Falle - eine große Gefahr:
Jede Empfehlung ist nur die Meinung einer anderen Person. Jeder Videokurs, jedes Buch, und jede Strategie, die Ihnen von einem Experten empfohlen wird, hat bei einem anderen Menschen und in seiner Situation für sein Online-Projekt funktioniert. (Abbildung 21)

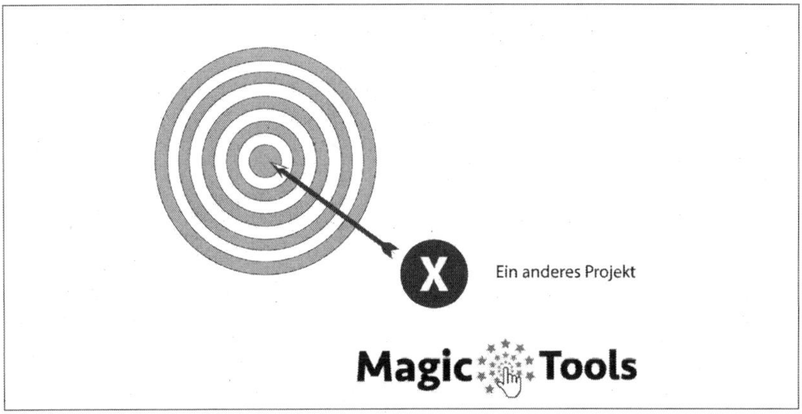

(Abb. 21: Eine Empfehlung zeigt den richtigen Weg.)

Ihr Online-Projekt befindet sich im Moment aber in einer ganz anderen Situation. (Abbildung 22) Wenn Sie in Ihrer Situation die exakt gleichen Methoden anwenden, wie sie in einem Videokurs oder einem Buch präsentiert werden, dann schlagen Sie zwar die gleiche Richtung ein, werden Ihr Ziel aber ganz sicher verfehlen. Denn in Ihrer Situation müssten Sie eine ganz andere Richtung einschlagen, um das gleiche Ziel zu erreichen. (siehe Abb. 2)

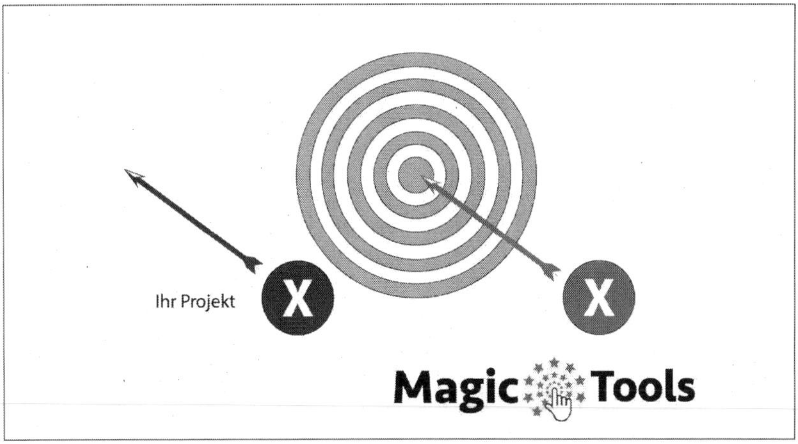

(Abb.22: Der richtige Weg zu einem Ziel muss aber nicht Ihr richtiger Weg sein.)

Hören Sie auf damit, fremden Empfehlungen ohne nachzudenken zu folgen. Der eine Experte behauptet dies, der andere Experte rät Ihnen zum Gegenteil. **Das führt zu Ihrer kompletten Verwirrung und Verunsicherung.** Sie fühlen sich immer hilfloser und rennen in alle möglichen Richtungen gleichzeitig los.

[Persönliche Anmerkung: Der Wunsch, durch einen Experten die „Wunderlösung" für alle Ihre Probleme zu finden, ist verständlich. Doch so laufen Sie immer tiefer in die Empfehlungs-Falle. Denn wie oben gezeigt, werden Sie auf diese Weise niemals Ihr Ziel erreichen.

Sie werden auf gut Glück die eine Empfehlung umsetzen und anschließend eine andere. Sie werden von einer Empfehlung zur nächsten laufen. Heute laufen Sie in diese Richtung. Morgen laufen Sie in die entgegengesetzte Richtung. Letzten Endes werden Sie sich komplett verlaufen.]

So lange Sie in der „Empfehlungs-Falle" gefangen sind, werden Sie Ihrem eigentlichen Ziel keinen Schritt näher kommen.

Der Weg heraus aus der Empfehlungs-Falle

Sie müssen sich einen Überblick darüber verschaffen, was denn das Beste für Ihr Projekt ist. Was braucht Ihre Webseite momentan am dringendsten?

- Was ist für Ihre jetzige Situation der nächste Schritt?
- Wo sollten Sie Ihre Zeit investieren?
- Welche Aktion macht gerade am meisten Sinn?
- Was ist wirklich notwendig?
- Und wo verschwenden Sie nur Ihre Zeit und Ihr Geld?

Kein Experte dieser Welt kann Ihnen hier die perfekten Antworten geben. Es liegt an Ihnen, dass Sie die Wünsche Ihrer Webseite-Besucher möglichst gut erkennen und diese Wünsche anschließend möglichst gut erfüllen. Wenn Sie ständig nur auf fremde Meinungen vertrauen, werden Sie niemals an die Spitze kommen. Sie selbst sind der Kapitän Ihres Erfolgs. Ihre Webseiten-Besucher sind die einzigen Menschen, die Sie überzeugen müssen und daher auch die einzigen Menschen, denen Sie zuhören sollten. Sie selbst müssen Ihr eigenes Online-Projekt lenken.

Sie selbst müssen lernen, Ihr Online-Projekt gezielt an Ihr eigenes Ziel zu steuern. Sie müssen das Steuer übernehmen, anstatt anderen Experten und deren Videokursen das Steuer zu übergeben und morgen wieder einem anderen Pseudo-Kapitän die Lenkung Ihres Business zu überlassen. Schluss mit dieser Irrfahrt.

Sie selbst sind der Kapitän Ihrer Webseite.

Jetzt werden Sie noch Tipps erhalten, wie Sie Ihr Online-Projekt gezielt in die gewünschte Richtung zu lenken.

An dieser Stelle habe ich zwei weitere gute Nachrichten für Sie:

1. Wenn Sie einmal erkannt haben, **dass Sie selbst Ihr Online-Projekt gezielt in die gewünschte Richtung lenken** können, dann wird der Weg zum Erfolg so einfach wie „Malen nach Zahlen".

2. **Erfolg im Internet ist kein Zufall.** Erfolg im Internet lässt sich Schritfür Schritt erlernen und erreichen. Erfolg im Internet wird gemacht.

Die drei Schritte mit denen Sie sich aus der Empfehlungs-Falle befreien:

1. Wöchentliche Beurteilung Ihrer Fortschritte
2. Notwendige Änderungen selbst erkennen
3. Plan zur Verbesserung der Situation
4. Änderungen umsetzen
5. Wöchentliche Beurteilung Ihrer Fortschritte usw.

Praxis-Tipp: Zum Start sollten Sie in Ihren wöchentlichen Terminen folgende Fragen regelmäßig klären:

- Über welche Quelle kommen die meisten Besucher?
- Welche Quelle bringt die meisten Klicks? Die meisten Email-Eintragun gen? (Abb. 24) Und die meisten Umsätze? (Abb. 23)

Quelle/Medium	Sitzungen	Umsatz
google / cpc	3.419	13.042,46 €
google / organic	1.447	5.313,17 €
(direct) / (none)	768	9.941,30 €
CleverReach / email	70	2.561,51 €
bing / organic	69	1.230,41 €
kaffee-eshop.at / referral	59	723,60 €
obertauern-skiverleih.com / referral	52	0,00 €

(Abb.23 Sitzungen und Umsatz nach Quelle/Medium sortiert.)

Erkenntnis: Sie wissen ab sofort exakt, welche Aktion Ihnen die meisten Besucher und Erfolge bringt. **Je effektiver Sie Ihre Zeit genau dort einsetzen, wo auch die meisten Erfolge herkommen, desto schneller werden Sie Ihre Ziele erreichen.** Machen Sie einfach mehr von dem, was Erfolge bringt, und weniger von dem, was keine Erfolge bringt.

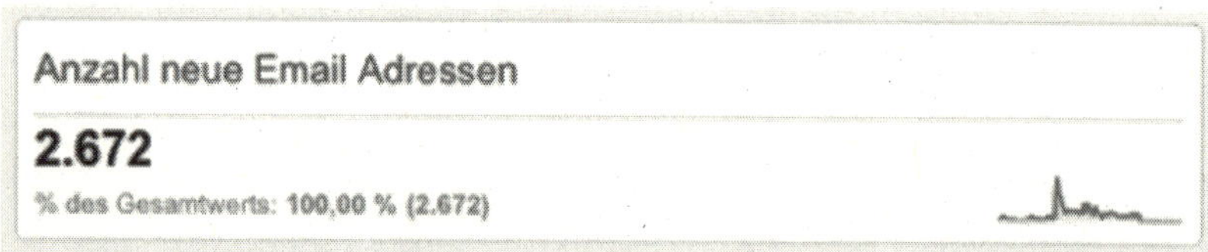

Ihre wichtigsten Quellen für mehr Leads		
Quelle	**Optin erfolgreich**	**Optin erfolgreich (Conversion-Rate für Zielvorhaben 2)**
(direct)	1.266	1,56 %
m.facebook.com	861	14,74 %

facebook.com	366	15,97 %
lm.facebook.com	34	2,51 %
l.facebook.com	24	9,09 %
viraleurl.de	18	5,50 %
viralmails.de	15	0,69 %
profimail.info	8	1,66 %
geldschritte.de	6	1,19 %

(Abb. 24: Wo sollten Sie Ihre Zeit investieren? Natürlich genau dort, wo auch der meiste Erfolg entsteht. Hier sehen Sie es schwarz auf weiß. ConversionMagic zeigt, mit facebook ist in diesem Fall die größte Conversion zu erreichen. Auf gut deutsch, mehr Umsatz über Facebook)

So schützen Sie sich automatisch auch vor der vierten Falle, die auf Sie lauert ...

Falle 4: Die „Selbstverwirklichungs-Falle"

Wir Menschen haben eine weitere Eigenschaft, die uns in die Quere kommt, wenn wir unser Web-Projekt erfolgreich machen möchten. Wir machen am liebsten die Dinge die wir bereits gut können. Am liebsten beschäftigen wir uns mit Dingen, die uns liegen und mit Dingen, die wir bereits beherrschen.
Denn solange wir die Dinge tun, die wir bereits gut können, ist nahezu bei jedem Anlauf ein kleines Erfolgserlebnis garantiert.

An diesem Punkt werden viele Online-Unternehmer regelrecht „süchtig" nach diesen kleinen Erfolgs-Erlebnissen. Sie beginnen plötzlich damit, immer mehr und mehr von dem zu tun, was sich gut anfühlt und was wieder ein neues Erfolgs-Erlebnis verspricht.

Der eine schreibt für sein Leben gern Texte und ist stolz, seinen Blog mit Inhalten zu füllen. Ein Artikel nach dem anderen entsteht. Doch leider bleiben durch diese zu einseitige Fokussierung alle anderen Dinge, die zu einem funktionierenden Online-Business gehören, komplett auf der Strecke.

Der andere ist ein Liebhaber der Technik und bastelt für sein Leben gern neue Webseiten. Ein tolles Erlebnis, wenn man es wieder einmal geschafft hat, die Technik zu bezwingen und plötzlich etwas erschaffen wurde, was nun dem Rest der Welt zugänglich gemacht wurde.
Aber auch hier wird dann all zu oft eine Seite nach der anderen erstellt und alle anderen wichtigen Bestandteile des Erfolgs einer Webseite werden sträflich vernachlässigt.
Und auch bei der Selbstverwirklichungsfalle ist es wieder einmal nicht ausreichend, einfach zu sagen: „Schluss damit!" und „Konzentrieren Sie sich auf das Wesentliche und nicht nur auf das, was Sie ohnehin schon gut können."

Auch hier ist wieder eine handfeste Strategie notwendig, mit der Sie sich aus der Selbstverwirklichungsfalle befreien können.

Die einzige Meinung, auf die Sie hören sollten, ist die Meinung Ihrer Webseiten-Besucher.

Es gibt nur einen einzigen Faktor, der zu 100 % über den Erfolg oder Misserfolg Ihrer Webseite entscheidet. Es sind einzig und allein die Menschen auf Ihrer Webseite, die darüber entscheiden, ob Sie mit Ihrem Online-Projekt erfolgreich sein werden oder nicht.

Jeder einzelne Besucher Ihrer Webseite hat ein Problem. Jeder einzelne Besucher Ihrer Webseite ist auf der Suche nach einer Antwort. Jeder Besucher Ihrer Webseite sucht nach einer Lösung. Und jeder einzelne dieser Besucher muss davon überzeugt sein, dass Ihr Angebot die passende Lösung für sein Problem darstellt.

Nur wenn Sie Ihr Angebot als „Lösung" für ein Problem Ihrer Besucher verstehen – nur dann werden Sie über kurz oder lang richtig erfolgreich mit Ihrer Webseite sein.
Lernen Sie also die Wünsche der Besucher Ihrer Webseite kennen und beginnen Sie damit, diese so gut es geht zu erfüllen.

Ihr Vorteil:
Die meisten Online-Unternehmer verlieren sich in unwichtigen und wertlosen Details wie: „Besucherzahlen" oder „Conversion-Rate" und verlieren den einzelnen Menschen auf der Webseite komplett aus den Augen.

Diese Unwissenheit können Sie ab sofort zu Ihrem Vorteil nutzen. Denn im weiteren Verlauf des Artikels erfahren Sie, wie Sie herausfinden, wer die Menschen auf Ihrer Webseite sind und wie Sie Ihre Webseite dementsprechend anpassen.

Beginnen Sie daher damit Ihre Webseiten-Besucher möglichst genau kennenzulernen. Das Alter, das Geschlecht und die Interessen beeinflussen jede Entscheidung. Je genauer Sie die Besucher Ihrer Webseite kennen, desto passender wird das Angebot sein, das Sie auf Ihrer Webseite präsentieren. Und umso schneller werden Sie mit Ihrem Online-Projekt erfolgreich sein.

Das ist auch schon der beste Tipp, den ich Ihnen gegen die „Selbstverwirklichungs-Falle" geben kann: Hören Sie nicht auf Ihr Bauchgefühl. **Hören Sie stattdessen besser auf die Wünsche der Besucher Ihrer Webseite.** Denn am Ende des Tages ist es nicht Ihr Bauchgefühl, das über den Erfolg Ihres Web-Projektes entscheidet, sondern einzig und allein wie gut Sie die Wünsche Ihrer Webseiten-Besucher kennen und diese beantworten.

Die Menschen auf Ihrer Webseite

Wer sind Ihre Besucher? Männlich? Weiblich? Wie alt sind Ihre Besucher? (Abb. 25)
Diese wichtigen „demographischen Daten" (Alter, Geschlecht, Interessen) beeinflussen massiv die Entscheidung Ihrer Webseiten-Besucher.
Denken Sie nur an die unterschiedliche Ansprache, die ein 20-jähriger Mann („Du-Anrede"?) erwartet, gegenüber einer Frau Mitte 60 („Sie-Anrede"?).

In dem Beispiel unten (Abb. 25) sehen Sie sehr genau, dass sich mehrheitlich junge Menschen für den Newsletter angemeldet haben (Altersverteilung linke Seite), aber diese jungen Menschen später nicht bei Ihnen kaufen werden! Denn gekauft wird hauptsächlich von Menschen über 45 Jahren (Altersverteilung rechte Seite).
Sie freuen sich zwar über möglichst viele Eintragungen für Ihren Newsletter, aber die Verkäufe werden später garantiert ausbleiben. Hier müssen Sie handeln! Jetzt müssen Sie aktiv werden!

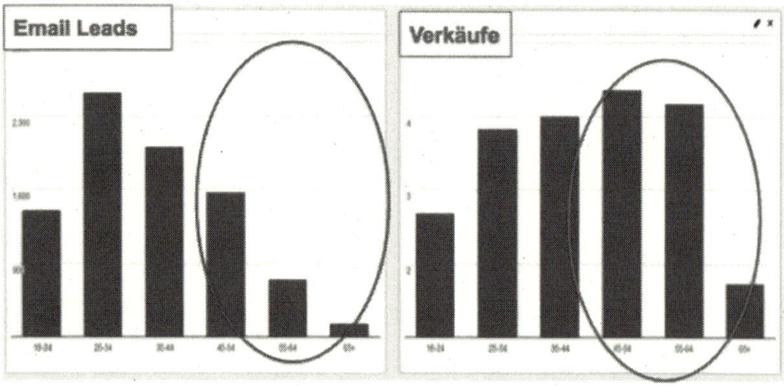

(Abb. 25: ConversionMagic zeigt, dass in diesem Online Shop überwiegend ältere einkaufen, aber sich überwiegend Jüngere in die Email Liste eintragen. Die Email Liste ist somit einfach nicht gut.)

So sieht das also in der Praxis aus, wenn Sie damit beginnen, auf die Besucher Ihrer Webseite zu hören. So beginnen Sie damit, die Wünsche Ihrer Besucher kennenzulernen und nur so werden Sie Ihre Webseite Schritt für Schritt zum Erfolg führen.

Dies waren nur zwei Beispiele davon, wie Sie für sich selbst und Ihr eigenes Online-Projekt entscheiden müssen. Kein Experte der Welt kennt Ihr Business besser als Sie. Sie selbst können ganz einfach erkennen, was für Ihre Webseite in diesem Moment der wichtigste Schritt sein muss.

Schalten Sie so schnell es geht die Lichter an. Verschaffen Sie sich schnellstmöglich den notwendigen Überblick. Lernen Sie Ihre Webseiten-Besucher kennen. Schluss mit dem Blindflug.

Sie sehen, Online Marketing Erfolg ist planbar.
Ihr Online Business ist ERFOLGBAR!

Eigene Notizen

Ausblick

Unsere gemeinsame Reise auf dem Weg zu mehr Erfolg mit Ihrer Webseite geht jetzt zu Ende. Ich würde mich riesig freuen, wenn wir uns mal persönlich kennenlernen würden.

Mein Wunsch ist, dass ich Sie mit meinem Buch motivieren und vor allem inspirieren konnte.

Das Online Business bietet extrem viele Chancen. Nutzen Sie dieses Potential, nutzen Sie Ihre Chancen.

Geben Sie mir jederzeit Ihr Feedback in der privaten Facebook Gruppe: „ConversionClub" in der ich mich gerne weiter mit Ihnen austausche möchte: facebook.com/groups/conversionclub1

Berichten Sie über Ihre Projekte, Eindrücke, Erlebnisse, Erfahrungen und Ergebnisse. Stellen Sie Ihre Fragen und teilen Sie Ihre Erfolge !

Schade, dass es schon vorbei ist.

Wenn Sie jetzt gerade denken:
„Schade, dass es schon vorbei ist. Ich habe noch so viele offene Fragen und möchte direkt loslegen das ganze Wissen auf meine eigene Situation anzuwenden. Ich wünschte ich könnte Florian direkt meine Fragen stellen. Seine Antworten würden mir viel helfen." - Dann kann ich Ihnen helfen.

Natürlich begleite ich auch sehr gern persönlich die Projekte meiner Kunden im persönlichen Einzelcoaching und Beratungstermin.
Ich lege zudem auch Wert darauf, dass ich die Erfolge garantieren kann die ich verspreche. Daher nehme ich mir viel Zeit für Sie, wenn Sie zu einem meiner Kunden werden.
Der Erfolg braucht Zeit.

Ich werde für diese Zeit mit meinem Team - Teil von Ihrem Team. Schulter an Schulter begleite ich Ihr Projekt. Daher kann ich persönlich nur maximal 2 Kunden gleichzeitig begleiten. Das führt natürlich zu einer Warteliste.

Es handelt sich hier um ein 3-Monatige persönliche Begleitung Ihres Projektes.

Bewerben Sie sich doch gerne unverbindlich für einen der nächsten freiwerdenden Plätze. Ich melde mich dann persönlich bei Ihnen um zu sehen wie gut wir zueinander passen.

Wenn Sie also möchten, dass ich Sie auf dem Weg zum Geldstrom auf Ihrer Webseite persönlich ein kleines Stück begleite, dann bewerben Sie sich für einen der freiwerdenden Plätze.

In der Zwischenzeit können Sie sich einfach den Begleitkurs zum Buch ansehen und direkt mit der Umsetzung starten, während Sie auf meinen Anruf warten :)

Das ist das Wort zum Ende ...

Letztendlich hat jeder einen anderen Beweggrund, ein Buch zu schreiben. Hier ist meiner: Wenn Ihnen dieses Buch klar gemacht hat, dass es einen vorgezeichneten Weg gibt auf dem Sie Ihr eigenes Online-Projekt zum Erfolg führen können, dann hat dieses Buch seinen Zweck erfüllt.

Vielen Dank für Ihr Interesse und dass Sie sich die Zeit genommen haben, das Buch zu lesen.

Alles Gute, sehr gute Geschäfte und viele ERFOLGBARE Webseiten wünscht Ihnen,

Ihr
Florian Schoel

ERFOLGBAR Begleitkurs

Mehr Info

- **Persönliche Begleitung**
  mit Florian und seinem Team
- **Über 10h Video-Inhalte**
- Wöchentliche Workshops
  das Buch liefert das Wissen, der Begleitkurs bringt Ergebnisse
- **Live Hilfe**
  Exklusive facebook Gruppe bei Fragen oder Problemen
  (Ihr Direktkontakt zu Florian und Team)

BONUS: ERFOLGBAR Komplett-Set

- **Hörbuch: Motivation PUR**
  Bequem hören im Auto, in der Bahn, auf dem Weg zur Arbeit: Motivation PUR.
- **E-Paper**
  bequem Lesen unterwegs. Auf jedem Smartphone u. Tablet

erfolgbar.de/begleitkurs

ERFOLGBAR Begleit-Training

Für jeden Leser buchbar!

Praxis Workshop live und online
Bequeme Teilnahme direkt an Ihrem Computer
Klick für Klick Anleitungen inklusive

Machen Sie Ihre Webseite ERFOLGBAR

- **Google AdWords**
- **Google ReMarkeing**
- **Google Analytics**
- **Facebook Werbung**
- **EMAIL MARKETING**
- **KEYWORD RECHERCHE**
- **LANDINGPAGE ERSTELLEN**
- **SPLITTESTING**
- **UVM**

Wir nehmen Sie sprichwörtlich an die Hand und zeigen Ihnen den roten Faden durch die wichtigsten Online Marketing Tools und viel mehr

Mehr Infos: +49 / 81 22 / 17 777 71

MagicTools

www.magictools.co